Neugier ist eine der liebenswertesten Eigenschaften der quirligen Gesellen, die immer für einen Schabernack bereit sind. Lassen Sie sich von der guten Laune Ihrer kleinen Untermieter anstecken und nehmen Sie teil an ihren spannenden Entdeckungstouren im heimischen Wohnzimmer.

„Neugiernasen" bei der Arbeit. Für Ratten ist alles interessant und zu zweit macht ein Abenteuer noch viel mehr Spaß.

Inhalt

Aktiv im Team

Lebensraum für kleine Entdecker 24
Die Inneneinrichtung 26
Abenteuerlandschaft 28
Freundschaft schließen 30
Ratten-Knigge 32
Das richtige Futter 36
Frisch & knackig 38
Ratten on tour 42

SPEZIAL

Fit mit fun 40

Lesen Sie, wie Sie Ihre Ratten richtig unterbringen, füttern und sich mit den cleveren Kerlchen beschäftigen können.

Liebevoll umsorgt

Zimmerservice 46
Fitte Ratten dank Vorsorge 48
Parasiten 50
Häufigere Krankheiten erkennen 52
Was Sie tun können 54
Nachwuchs im Rattenheim 56

SPEZIAL

Kleine Ratten werden groß 58

Lesen Sie, wie Sie sich am besten um Ihre Tiere kümmern, was bei Krankheiten zu tun und bei Nachwuchs zu beachten ist.

Liebenswerte Persönlichkeit

Durch ihre erstaunliche Anpassungsfähigkeit und den bevorzugten Aufenthalt in der Nähe der Menschen eroberten Ratten die ganze Welt. Doch die enge Nachbarschaft mit uns brachte für beide Seiten große Probleme. Die Ratte gehört zu den bedeutendsten Schädlingen der Welt, gleichzeitig ist sie immer noch eines der häufigsten Versuchstiere.

In vielen westlichen Ländern begann jedoch in den letzten Jahren der neueste „Feldzug" der Ratten: der Einzug in die Wohn- und Kinderzimmer. Anfangs noch meist von provokanten Außenseitergruppen gehalten, hat man inzwischen die Vorzüge der Ratten entdeckt – und sie entpuppten sich als beliebte Schmusetiere.

Rattenfans schätzen an ihren Tieren, dass sie intelligenter, neugieriger, anhänglicher und reinlicher als andere kleine Heimtiere sind, relativ wenig Platz und kein teures Futter benötigen und einfach und preiswert zu beschaffen sind.

Durch diese positiven Eigenschaften sind sie auch für Anfänger in der Tierhaltung ganz ausgezeichnet geeignet und der Halter wird bestimmt viel Freude an ihnen haben.

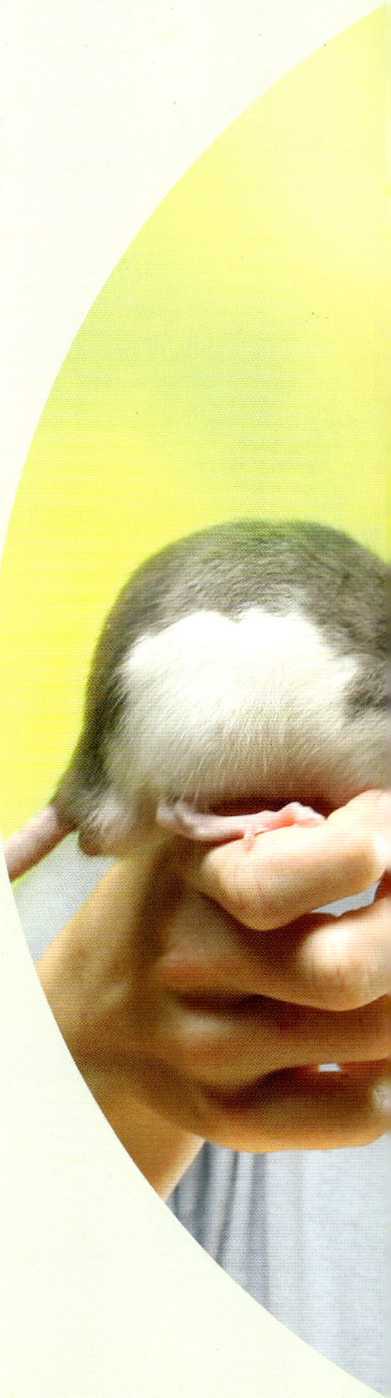

Gestatten Ratte

8 Herkunft

10 Faszinierende Fähigkeiten

12 Rat-like

14 Kunterbunte Rattenfamilie

SPEZIAL 16 Sind wir ein gutes Team?

18 Partnerwahl

20 Clever aussuchen

Herkunft

Ratten sind wahre Überlebenskünstler, die es schaffen, sich den verschiedensten Umgebungen und Lebensbedingungen anzupassen. In der Nähe des Menschen haben sie sich schon immer wohl gefühlt, bieten die Zweibeiner den Tieren doch – wenn meist auch unbeabsichtigt und unwissend – Nahrung und Unterkunft.

Die Verwandten unserer als Heimtier gehaltenen Ratten haben fast die ganze Welt erobert und sich dabei oft der Beförderungsmittel des Menschen bedient; früher z. B. mit Schiffen neue Kontinente und Inseln erobert, in der Moderne haben sie auch das Flugzeug als schnelle und praktische Reisemöglichkeit „entdeckt".

Rattenzoologie

Ratten gehören zur weltweit erfolgreichsten Säugetierordnung: den Nagetieren (Rodentia). Innerhalb dieser zählen sie zur Unterordnung der Mäuseverwandten (Myomorpha), zur Familie der Echten Mäuse (Muridae) und der Gattung *Rattus* mit ihren über 50 Arten.

Von Südostasien *aus eroberten ihre Vorfahren die ganze Welt.*

Wilde Ratten

Die deutsche Namensgebung der wild lebenden Ratten ist etwas verwirrend. Die Ratten, die als Heimtier oder in wissenschaftlichen Labors gehalten werden, stammen alle von der Wanderratte (*Rattus norvegicus*) ab.

▸ **In Europa** lebt aber noch eine zweite Art wilder Ratten – die Hausratte (*Rattus rattus*). Diese, in anderen Sprachen wesentlich passender als „Schwarze Ratte" bezeichnet, war früher weit verbreitet, steht jedoch jetzt in einigen europäischen Ländern bereits auf der Roten Liste der gefährdeten Tierarten. Sie ist wesentlich kleiner, schlanker und langschwänziger als ihre weiter verbreiteten Verwandten. Sie bevorzugt warme, eher trockene Lebensräume, wie Dachböden. Durch intensive Verfolgung und eine „rattensichere" Bauweise ist sie stark im Rückgang begriffen. Ihre Schreckhaftigkeit und hauptsächlich nachtaktive Lebensweise machen sie als Heimtiere wenig geeignet.

- **Die Wanderratten** sind dagegen echte Allrounder: Sie besitzen viele Talente – sind in keinem Bereich jedoch perfekt. So können sie prima graben, klettern, schwimmen und laufen, werden aber in ihren einzelnen Fähigkeiten von anderen Arten überboten.
- **Ihre Spezialisierung** auf bestimmte Lebensräume ist folglich auch geringer als bei anderen Säugetierarten. Dadurch sind sie sehr flexibel und können sich schnell veränderten Lebensbedingungen anpassen.

Auf Schiffen gelangten die Wanderratten auf neue Kontinente.

SMART

Die Wanderratte

- **Die Wanderratte** hat eine stattlichere Größe als die kleinere Hausratte.
- **Ihre Körpergröße** beträgt etwa 20 bis 28 cm, der haarlose, kräftige Schwanz ist zusätzlich etwa 20 bis 25 cm lang.
- **Ausgewachsen wiegen** Wanderratten durchschnittlich 270 g. Die Männchen sind meist schwerer und größer.

- **In menschlicher Umgebung** gibt es nur wenige Orte, die Fressbares bieten und nicht von Ratten besiedelt sind. Bevorzugt werden allerdings im Boden liegende Bereiche wie Keller, Kanäle oder Erdbauten, von denen aus sie zur Nahrungsaufnahme weit herumziehen. Ihre Hauptaktivitätsphase können Sie den jeweiligen Gegebenheiten anpassen, in erster Linie sind die Nager jedoch nachtaktiv.

Ratten als Heimtiere

Schon vor etwa 180 Jahren sollen Ratten als Spieltiere gefangen worden sein, besonders beliebt waren weiße Tiere, die als erste Farbmutation auftraten. Von diesen Albinos stammen vermutlich auch die Ratten ab, die zu Millionen in Versuchslabors gehalten werden. Heutzutage werden die Ratten als Heimtiere immer beliebter.

Faszinierende Fähigkeiten

Obwohl Nagetiere evolutionsbiologisch eher zu den „Jungspunten“ zählen, sind sie enorm erfolgreich und konnten fast die ganze Welt besiedeln. Diese Spitzenleistung haben sie u.a. dem Zusammenspiel ihrer körperlichen Fähigkeiten, ausgeklügelter Sinnesleistungen und ihrer Anpassungsfähigkeit zu verdanken.

Wackelnäschen *in Aktion: Ratten haben ausgezeichnete Sinne.*

Sinnesleistungen

Ratten kommunizieren auf vielfältige Weise.

▸ **Die geruchliche Verständigung** spielt die größte Rolle, dementsprechend ist auch der Geruchssinn am besten ausgeprägt. Die Rudelmitglieder erkennen einander am Geruch und über Körperdüfte wird Paarungsbereitschaft signalisiert. Reviergrenzen werden mit Duftstoffen aus speziellen Drüsen, Kot und Urin gekennzeichnet.

▸ **Lautäußerungen** sind für den Menschen nur selten zu hören und liegen meist im von uns nicht wahrnehmbaren Ultraschallbereich. Lediglich Jungtiere im Nest, kämpfende und sehr ängstliche Tiere geben auch für uns vernehmbare Geräusche von sich. Ratten besitzen auch ein gutes Hörvermögen, das dem des Menschen überlegen ist. Sie können wesentlich höhere Frequenzen wahrnehmen, was u.a. zur Kommunikation wichtig ist, und zusätzlich die Ohren zur Ortung der Geräuschquelle unabhängig voneinander bewegen.

▸ **Die optische Wahrnehmung** spielt bei Ratten eine geringe Rolle. Sie sind kurzsichtig und können Entfernungen nur schlecht abschätzen. Jedoch sind sie in der Lage, in der Dämmerung besser zu sehen als der Mensch, da ihre Augen das Restlicht besser ausnutzen können.

▸ **Tasthaare** an der Schnauze, die so genannten Vibrissen, sind mit besonders vielen Nerven verbunden und weisen den Tieren in Kombination mit den anderen Sinnen auch in völliger Dunkelheit den Weg. Zusätzlich sind über den ganzen Körper weitere Tasthaare verteilt, die Reize aufnehmen.

Anatomie eines Überlebenskünstlers

Ratten besitzen einen gedrungenen, kompakten und unauffälligen, fast „durchschnittlichen“ Körperbau; genau dies macht sie zu Allroundern mit vielen verschiedenen Fähigkeiten.

▸ **Das Gebiss** der Ratte ist typisch für Nager. Die vier

Der lange Schwanz hält das Gleichgewicht beim Balancieren.

langen Schneidezähne (zwei oben und zwei unten, Seite 48) wachsen ständig nach und weisen zwischen den Backenzähnen eine Lücke auf, damit die Lippen beim Nagen geschützt untergebracht sind. Werden die Schneidezähne nicht ausreichend abgenutzt (Seite 37) und zu lang, führt dies zu gesundheitlichen Problemen. Die Backenzähne zerreiben die Nahrung, wachsen aber nicht nach.

- **Der lange nackte Schwanz,** der bei vielen Menschen die Ursache für die Abneigung gegen Ratten ist, dient den Tieren sowohl als Balancierhilfe als auch als Stütze.
- **Der Füße** der Sohlengänger sind verhältnismäßig groß und im Ansatz leicht behaart. Sie geben Stabilität und sorgen in Verbindung mit den gut bemuskelten Hinterläufen für den richtigen Schub beim Laufen, Balancieren und Klettern.
- **Die Vorderpfoten** erinnern an menschliche Hände und können fast ebenso vielseitig eingesetzt werden, z. B. zum Klettern, Putzen und gezielten Greifen. Der auffälligste Unterschied zwischen unseren Händen und den Pfoten ist, dass statt Fingernägeln Krallen vorhanden sind.

Allroundtalente

Ratten können ausgezeichnet laufen, graben und schwimmen können. Anders als an das Baumleben speziell angepasste Arten können sie weniger gut springen, klettern oder auf dünnen Ästchen balancieren und hangeln. Entwicklungsgeschichtlich war aber gerade die „Nicht-Spezialisierung" der Schlüssel zum großen Erfolg der Wanderratte, die mit diesen Fähigkeiten viele Lebensräume im Gefolge der Menschen erobern konnte.

Rat-like

Ratten haben bei vielen Menschen ein schlechtes Image, oft wird ihnen sogar mit Ekel begegnet. Doch wer sich einmal näher mit diesen vielseitigen Tieren beschäftigt, wird faszinierende Seiten an ihnen entdecken.

Clevere Nager

Ratten sind intelligente Tiere, die mit ihrer Schlauheit schon so manchen Kammerjäger an den Rand der Verzweiflung gebracht haben. Ob konventionelle Falle oder Giftköder, in der Regel erkennen die Tiere schnell die Gefahr und wissen diese zu umgehen. In wild lebenden Rattengruppen gibt es sogar Späher, die die Umgebung auskundschaften und vor Gefahren warnen. Auch die als Heimtier gehaltenen Verwandten sind sehr clever. Die Nager entwickeln Problemlösungsstrategien und können – mit der richtigen Motivation – sogar kleine Kunststückchen lernen (Seite 40). Es ist sehr wichtig, dass in unserer Obhut Körper und Geist der aufgeweckten Tiere gefordert werden, um Tristesse im Rattenheim vorzubeugen.

Ratten sind reinlich und verbringen viel Zeit mit der Körperpflege.

Familienleben wird groß geschrieben

Ratten sind sehr gesellige und soziale Tiere. Sie brauchen ganz dringend den Kontakt zu einem oder mehreren Sozialpartnern. Zwar schließt sich eine einzeln gehaltene junge Ratte auch oft eng dem Menschen an, tiergerecht ist diese Einzelhaltung aber nicht, da dem Nager das Ausleben vieler rattentypischer Verhaltensweisen vorenthalten bleibt.

- **Wild lebende Wanderratten** schließen sich zu großen Gruppen zusammen, 100 oder 200 Tiere sind da keine Ausnahme, je nach Lebensraum lebt aber auch nur eine kleine Familie zusammen. Ratten sind eben Opportunisten, die sich an die Gegebenheiten anpassen. Gemeinsam erschließt die Rattenfamilie neue Futterquellen, vergrößert ihre Unterkunft und schleppt Nistmaterial herbei. Im

Schlaf kuscheln die Tiere sich zu einem Pulk zusammen und wärmen sich dabei. Gegenseitige Körperpflege stärkt auch die Bindung in der Gruppe.

Strenge Hierarchie

Damit der Alltag in einer Rattengruppe möglichst harmonisch verläuft, leben die Tiere in einer genau geregelten Gruppenstruktur mit unterschiedlichen Rangordnungen. Je höher der Status eines Männchens ist, desto priveligierter ist es bei der Nahrung und desto öfter kann es sich paaren.

▸ **Die Geschlechter** in den Rattenfamilien sind in der Regel ungleich verteilt und meist finden sich mehr Weibchen als Männchen. Böcke, die sich keinen entsprechenden Platz in der Rangordnung ergattern können, wandern oft ab.

▸ **Chef der Familie** ist nicht immer der stärkste und größte Bock, oft ist es ein älteres und erfahrenes Tier.

▸ **Freundschaftliches Raufen** kann mitunter häufig beobachtet werden, besonders bei jungen Tieren. Einerseits trainieren die Tiere damit ihre körperliche Fitness und Reaktionsfähigkeit, andererseits ist dies auch oft ein erstes – spielerisches – Festlegen der Rangordnung. Verletzungen sind dabei meist nicht zu beobachten.

▸ **Bei Rangordnungskämpfen** oder beim Eindringen rudelfremder Ratten geht es jedoch ernsthafter zu. Dabei kommt es anfangs zu Drohgesten, wie dem Präsentieren der Längsseiten, Sträuben der Haare und halb geschlossenen Augen. Mit langsamen, steifen Bewegungen nähern sich die Gegner an und fauchen. Beim meist darauf folgenden kurzen Kampf mit hoch aufgerichtetem Oberkörper betrommeln sie einander mit den Vorderpfoten, oft gibt dann ein Tier auf. Unterliegt bei diesem Kräftemessen aber niemand, folgt eine Beißerei, die unter Umständen sogar tödlich enden kann.

Teamwork wird ganz groß geschrieben. Auch beim schwierigen Drahtseilakt ist der Artgenosse eine wichtige Stütze.

Kunterbunte Rattenfamilie

Die einst einheitlich in einem unauffälligen Braungrau gezeichneten Ratten gibt es heute in einer vielzahl schöner Farb- und Zeichnungsvarianten.

Spezielle Farbvarianten

Die natürliche Farbe der Wanderratte – die Wildfarbe – ist ein Braungrau (Porträt rechts). Die ersten Farbmutationen traten vermutlich im ersten Drittel des 19. Jahrhunderts in England auf, wo 1822 weiße Wanderratten gefangen wurden. In der Natur kommt es immer wieder zu plötzlichen Mutationen, und Albinismus ist diesbezüglich ein bekanntes Phänomen. Allerdings haben diese wild lebenden Tiere eine geringere Lebenserwartung als ihre Artgenossen mit „Tarnfarbe" und werden eher Opfer von Fressfeinden. Bis jetzt wird in der Zucht von Ratten noch kein großer Wert auf bestimmte Farblinien gelegt. Viele Farbvarianten und Fellformen sind im deutschsprachigen Raum nur sehr schwierig zu bekommen. Wer Interesse an besonderen Farben und deren exakten Bezeichnungen hat, wendet sich am besten an einen Rattenverein oder -club (Seite 61). Mittlerweile gibt es eine Unzahl von Farbvarianten und Fellzeichnungen, z. B.:

- **Black:** schwarzes Fell und Augen; Füße entsprechen der Körperfarbe
- **Chocolate:** schokoladenbraun; häufig auch mit weißen Füßen oder weißem Bauch; Augenfarbe schwarz
- **Haubenratte:** schwarze oder auch cremefarbene Fellhaube; gibt es aber auch in nahezu allen Grundfarben; deutlicher Rückenstreifen, restlicher Körper ist weiß; Füße in Hautfarbe; Augen schwarz
- **Albinoratte:** schneeweiß mit roten Augen
- **Unbedingt abzuraten** ist von Qualzuchten wie Rexratten, Dumboratten mit ihren großen Ohren oder Nacktratten!

Braungraue Ratten

Diese auf den ersten Blick eher unscheinbaren Ratten werden auch als wildfarben oder agutifarben bezeichnet.

- **Raffiniert** Der Tarneffekt des Fells wird durch die Kombination von rötlichbraunen und schwarzen Haaren und das Ticking erreicht. Dabei bestehen einzelne Haare aus verschiedenen Farben, so als ob sie Bänder tragen würden. Das Bauchfell ist silbergrau, die Füße haben die Körperfarbe und die hübschen Knopfaugen sind schwarz.

- **Variationen** Neben den klassischen Aguti-Ratten gibt es auch noch Farbspielarten, wie Goldaguti, Zimtaguti und Silberauti. Je nach Ticking zeigen die Tiere dann z.B. eine andere Schattierung im Fell.

Geschreckte Ratten

Ratten mit gescheckten Fell sind sehr häufig zu finden. Es gibt sie in vielen interessanten und hübschen Farben.

▸ Individuell Die symmetrische Verteilung weißer und dunkler Färbungen macht diese Ratten sehr attraktiv, die Zucht auf Gleichmäßigkeit der Zeichnung ist aber sehr schwierig und das Aussehen der Jungtiere lässt sich nicht vorhersagen. Oft sind die Farbtupfer ungleichmäßig verteilt, was jede Scheckenratte einzigartig und unverwechselbar macht.

▸ Rotauge Auf dem Foto ist eine beige gescheckte Jungratte zu sehen. Typisch für diese Farbe sind die roten Augen und die hellen Füßchen und Ohren. Tiere mit hellem Fell sind sonnenempfindlich.

Husky-Ratten

Die Benennung dieser aparten Zeichnung erinnert in Farbe und Verteilung an das Fell der Schlittenhunde aus Sibirien.

▸ Rückenstrich Die Farbe dieser attraktiven Ratten ist grau-weiß und die Zeichnung erstreckt sich vom Kopf über den Rücken bis hin zum Schwanz. Ihre Augen sind schwarz, ihre Füße, die Ohren und der Schwanz hautfarben. Auch hier gleicht keine Zeichnung der anderen und jedes Tier ist an individuellen Details zu erkennen .

▸ Geburtsfarbe Husky-Ratten sind bei der Geburt häufig recht dunkel und hellen dann mit zunehmendem Alter auf, manche werden auch ganz hell. Die englische Bezeichnung dieser Tiere ist „Roan“.

Einfarbige Ratten

Neben den Ratten mit Agutifärbung gibt es auch einfarbige Tiere, deren Haare keine Farbbänder besitzen.

▸ Namenskunde Die Farbe der oben abgebildeten Ratte wird in Züchterkreisen „blue“ oder „blau“ genannt. Die Namensgebung der Farbschläge und Zeichnungen kommt aus dem angelsächsischen Raum, da dort viel früher mit der gezielten Zucht besonders gefärbter oder gezeichneter Ratten begonnen wurde, als im deutschsprachigen Raum.

▸ Edel Bei der Färbung blauer Ratten handelt es sich im Grunde um ein Grau in unterschiedlichen Schattierungen. Komplett einfarbige Tiere werden „Self“ genannt, das Haar ist nicht agutifarben.

Sind wir ein gutes Team?

Ratten werden als Heimtiere immer beliebter – und dies ganz zu recht! Denn die quirligen Tiere gehören zu den intelligentesten Nagern, lassen keine Langeweile aufkommen und schließen sich eng an ihre vertrauten Menschen an.

Die Entscheidung, ein Heimtier zu halten, sollte nicht spontan getroffen, sondern gut überlegt sein. Ratten leben zwar nur relativ kurz, haben aber trotz ihrer Anpassungsfähigkeit einige Ansprüche. Deswegen sollten Sie unbedingt jede der folgenden Fragen positiv beantworten können.

Vorüberlegungen

- Ratten werden im Durchschnitt nur zwei bis drei Jahre alt. Können Sie sich mit dieser kurzen Lebensspanne abfinden?
- Leidet kein Bewohner Ihres Haushalts unter einer Allergie gegen Tierhaare oder Hausstaub?
- Werden Sie Nagespuren an den Möbeln, verstreutes Futter und Einstreu oder eventuell auftretenden Geruch tolerieren?
- Sind alle Familienmitglieder mit den neuen Heimtieren einverstanden? Ratten haben leider oft noch ein negatives Image, viele Menschen ekeln sich vor ihnen.

① ◂ **Auslauf** Ratten haben einen großen Entdeckerdrang und brauchen deswegen täglich die Gelegenheit, sich auch außerhalb des Geheges in der Wohnung austoben zu können und dort alle möglichen Dinge zu erforschen (Seite 42). Können Sie es „verschmerzen“, dass sie dabei ihrem Namen alle Ehre machen und vielleicht Zeitungen, Möbel, Teppiche und Ähnliches annagen? Haben Sie kein Problem damit, dass die Tiere in der Regel nicht stubenrein sind und bei ihren Unternehmungen Kot und Urin mehr oder weniger in der ganzen Wohnung „verteilen“?

- Gibt es einen geeigneten Platz für das geräumige Rattenheim (Seite 25)?
- Haben Sie über die Urlaubszeit nachgedacht? Werden Ihre Ratten am Urlaubsort toleriert? Oder übernimmt ein Freund die Pflege in der Urlaubszeit?
- Haben Sie nicht zu hohe Vorstellungen von der Intelligenz der Ratten? Ratten sind anpassungsfähiger und intelligenter als viele andere kleine Heimtiere, doch gibt es sehr große individuelle Unterschiede!
- Ab dem achten bis zehnten Lebensjahr können Kinder mit Ratten spielen und sie versorgen. Vorher sollte dies nur unter Aufsicht erlaubt werden. Bei der Pflege der Tiere brauchen Kinder jedoch immer die Unterstützung eines Erwachsenen. Gibt es ein zuverlässiges Familienmitglied, das die Tierhaltung im Auge behält?
- Ist das Zusammenleben mit eventuell vorhandenen anderen Heimtieren für voraussichtlich beide Seiten unproblematisch (Seite 35)?
- Sind Sie bereit, auch für so ein kleines Tier wie eine Ratte notwendige Tierarztkosten zu bezahlen, die vielleicht höher liegen als der Kaufpreis für den Nager?

2 ▲ **Duftnote** Im Vergleich zu Hamstern und Rennmäusen sind Ratten geruchsintensiver, dementsprechend oft muss auch der Käfig gereinigt werden (Seite 46). Das macht die Rattenhaltung natürlich relativ arbeitsintensiv. Hinzu kommt der tägliche Freilauf in der Wohnung, bei dem Sie die Aufsicht führen müssen, damit weder Tiere noch Einrichtung zu Schaden kommen. Es reicht also nicht, einen Käfig in die Ecke zu stellen und die Tiere täglich zu füttern! Gerade, wenn Sie sich noch unsicher sind, sollten Sie am besten den Kontakt zu anderen Rattenhaltern suchen, sich Gehege und Tiere vor Ort anschauen und sich von deren Erfahrungen berichten lassen. Vielleicht bietet sich dadurch auch einmal die Gelegenheit, als Urlaubssitter für die Ratten einzuspringen, um das Zusammenleben mit den aufgeweckten Nagern live erleben zu können.

Partnerwahl

Wenn Sie überzeugt davon sind, dass Ratten genau die richtigen tierischen Freunde sind, müssen Sie noch die Frage klären, welche Eigenschaften die künftigen Mitbewohner besitzen sollen.

Eine oder mehrere Ratten wählen?

Ratten leben im Freiland in großen Gruppen. Sie sind sehr sozial. Ideal und tiergerecht ist daher die Haltung von mindestens zwei Tieren. Wenn Sie sich mit dem Gedanken tragen, nur eine Ratte halten zu wollen, sollten Sie bedenken, dass Sie dem Bedürfnis der Ratten nach Wärme und Nähe fast nur durch ständiges Mitnehmen auf oder unter der Kleidung Rechnung tragen können. Den Artgenossen kann der Mensch trotzdem nicht ersetzen, denn im Team zu buddeln, Futter zu bunkern und in Windeseile zu klettern sind nur einige der typischen Rattenbeschäftigungen, bei denen der Mensch eben passen muss. Gemeinsam mit Artgenossen werden Ratten manchmal nicht so rasch zahm wie Einzeltiere. Deswegen können Sie auch zuerst nur ein Tier kaufen und nach zwei bis drei Wochen ein zweites dazu, das der anderen als Sozialpartner dient. Jungtiere gewöhnen sich meist leicht aneinander (Seite 34).

Finger weg von Mitleidskäufen

Lassen Sie bei der Gesamtbeurteilung der Tiere Ihren gesunden Menschenverstand mitspielen.

Die Tiere sollten einen normalen, gesunden und munteren Eindruck machen und Sie in allen Punkten überzeugen.

Bitte kaufen Sie nicht aus Mitleid: Damit unterstützen Sie unseriöse Züchter und Händler. Engagierte Züchter geben nur gesunde und gut sozialisierte Tiere ab.

Welches Alter?

Die Zahmheit einer Ratte ist weniger eine Alters- als vielmehr eine Charakterfrage. Auch ältere Tiere können sehr anhänglich sein. Die Lebenserwartung der Ratten ist leider nicht sehr hoch. Sie werden im Durchschnitt etwa 2 bis 3 Jahre alt. Im Hinblick darauf ist die Anschaffung junger Tiere empfehlenswerter, an älteren Tieren kann der Tierliebhaber aber auch viel Freude haben. Nehmen Sie bitte keine Jungtiere, die jünger als sechs Wochen sind. Rattenkinder brauchen nicht nur Milch, sondern auch den Kontakt zur Mutter, der ihnen Erfahrung, Sicherheit und Wärme gibt. Zu früh abgesetzte Junge bleiben kleiner und kränkeln schnell.

Welches Geschlecht?

Diese Frage ist dann wichtig, wenn man unbedingt züchten oder aber keinesfalls Nachwuchs haben möchte.

▸ **Weibchen** vertragen sich in der Regel sehr gut miteinander, vor allem dann, wenn sie aus einem Wurf stammen

Zwei, die sich verstehen: Wählen Sie am besten Ratten aus, die sich schon gut verstehen und bereits dicke Freunde sind.

oder als Halbwüchsige zusammengebracht wurden.

▸ **Männchen** sind schwieriger aneinander zu gewöhnen. Gleich alte und gleich starke Tiere werden immer wieder um die Vorherrschaft in der Gruppe kämpfen. Günstiger ist die Kombination unterschiedlich alter Männchen.

▸ **Der „kleine" Unterschied** Die Hoden der Böckchen, die man paarig wulstig am Schwanzansatz sehen oder ertasten kann, sind schon bei den Jungtieren etwa ab der vierten Woche deutlich sichtbar. Auch ist bei den Männchen der Abstand zwischen After und Genitalöffnung deutlich größer als bei den Weibchen. Diese besitzen zusätzlich zwei meistens nur schlecht erkennbare Zitzenreihen.

Einige Unterschiede zwischen den Geschlechtern sind erst bei ausgewachsenen Ratten zu erkennen: Die Männchen werden meist um einiges größer und schwerer (bis etwa 600 g) als die zarteren und flinkeren Weibchen. Böckchen sind auch gewöhnlich ruhiger, ausgeglichener und verschmuster und „bequemer", verbreiten aber einen durchdringenderen Geruch als Rättinnen. Diese sind neugieriger und häufig auch lernfähiger. ●

SMART

Charaktersache

- **Bei Ratten** gibt es genau wie bei anderen Tieren individuelle Unterschiede des Verhaltens und des Temperaments.
- **Jedes Tier** ist eine eigene Persönllichkeit mit ganz besonderen Fähigkeiten, Talenten, Vorlieben und Abneigungen.
- **Keine Ratte** gleicht im Charakter der anderen.
- **Zur Zähmung** scheuer und ängstlicher Tiere brauchen Sie mehr Geduld als bei bereits zutraulichen Ratten.

Clever aussuchen

Tiere auszuwählen ist nicht immer einfach, schließlich gilt es, die künftigen Hausgenossen auszusuchen. Nehmen Sie sich deswegen viel Zeit, um die angebotenen Ratten genau zu beobachten. Kaufen Sie nur bei Anbietern, die ihre Ratten in geräumigen und sauberen Käfigen mit ausreichend Versteckmöglichkeiten und in geringer Dichte unterbringen sowie nach Geschlechtern trennen. Achten Sie bei der Auswahl unbedingt auf alle Käfiginsassen. Wenn auch nur eines der Tiere einen kranken Eindruck macht (siehe Kasten unten), sollten Sie auf den Kauf verzichten, die anderen Tiere könnten sich schon angesteckt haben. Wenn Sie keine Zuchtabsichten haben, sollte das Aussehen der Tiere an zweiter Stelle stehen, viel wichtiger für das Zusammenleben ist der Charakter Ihrer künftigen Untermieter.

Woran erkennt man gesunde Ratten?

Die Tiere laufen im Gehege weder hektisch herum, noch hocken sie völlig apathisch in einer Ecke. Ihre Bewegungen sollten gleichmäßig und frei fließend sein.

Das Fell sollte sauber und glatt anliegend sein und keine kahlen Stellen aufweisen. Häufiges Kratzen kann ein Hinweis auf Parasiten sein (Seite 50).

Die Augen müssen glänzend und klar sein und dürfen weder Krusten noch Ausfluss aufweisen.

Achten Sie auf eine saubere Nase ohne Ausfluss. Die Ratten sollten nicht schwer atmen oder niesen.

Die Ohren sollten möglichst makellos aussehen.

Der After und dessen Umgebung müssen sauber sein. Verschmutzungen deuten auf Durchfall hin.

Kleine Wunden verheilen meist problemlos, sind aber ein Beweis für die fehlende Sensibilität des Händlers. Streit gibt es vor allem zwischen älteren oder fremden Ratten.

Wo bekommt man Ratten?

- **In Zoofachhandlungen** gibt es oft Ratten – wenn nicht speziell als Heimtiere, dann als Futtertiere für Reptilien. Viele Tiere werden deshalb aus Mitleid gekauft. Die Lebensrettung entschuldigt aber nicht eine unsachgemäße Haltung!
- **Auch beim Tierschutz** können Sie bei der Suche nach den neuen Hausgenossen fündig werden (Kasten rechts). Auch ältere Tiere gewöhnen sich leicht ein.
- **In vielen Zeitungen** werden regelmäßig junge Ratten aus Liebhaberzuchten angeboten. Das ist ideal, um die Zuchtbedingungen kennen zu lernen und sich die Tiere selbst auszusuchen.

Junge Ratten sollten bei der Abgabe mindestens 6 Wochen alt sein.

▸ Ratten aus privater Zucht sind oft schon zutraulich und nähern sich freundlich dem Menschen – vorausgesetzt, sie werden tiergerecht gehalten und haben häufig Menschenkontakt. Achten Sie bei einem privaten Züchter unbedingt darauf, wie er mit seinen Tieren umgeht. Das großzügige Rattenheim sollte sauber und phantasievoll eingerichtet sein. Kaufen Sie nicht, wenn Sie den Eindruck haben, dass der Anbieter Ihnen die Tiere „aufschwatzen“ will und er sich nach der Abgabe nicht mehr für sie interessiert.

SMART

Dream-Team

- **Bei der Auswahl** ist es nicht nur wichtig, dass die Ratten Ihnen gefallen, auch die „Chemie“ zwischen den Tieren muss stimmen.
- **In Tierheimen** und bei Tierschutzorganisationen im Internet gibt es häufig junge und ältere Ratten in vielen Farben.
- **Dort finden Sie** meist Tiere, die schon dicke Freunde sind. Diese „Dream-Teams“ werden Ihnen bestimmt viel Freude machen.

Neugier siegt

Wenn eine Ratte Ihre in den Käfig gehaltene Hand vorsichtig und neugierig beschnuppert und nicht wegläuft, wird sie in der Regel ein gutes Heimtier abgeben. Tiere, die sofort versuchen am Arm hinauszuklettern oder die sich in die entfernteste Ecke des Käfigs drücken, werden nur nach großem Aufwand oder nie Freundschaft mit den Menschen schließen.

▸ Achten Sie besonders beim Kauf von Weibchen darauf, dass sie nach Geschlechtern getrennt sind – sonst kaufen Sie vielleicht eine trächtige Rattenmama!

Aktiv im Team

24 Lebensraum

28 Abenteuerlandschaft

30 Freundschaft schließen

32 Ratten-Knigge

34 Freunde finden

36 Das richtige Futter

SPEZIAL 40 Fit mit fun

42 Ratten on tour

Lebensraum für kleine Entdecker

Das Rattengehege muss zahlreiche Funktionen für seine Bewohner erfüllen: es ist gleichzeitig Schlafzimmer, Speisekammer, Toilette und Spielplatz.

Das Rattenheim

Ratten gehören erst seit ein paar Jahren zu den gängigen Heimtieren und dementsprechend war es bis vor kurzem noch recht schwierig, passende Käfige im Zoofachhandel zu bekommen. Immer häufiger findet man jedoch spezielle Ratten-, Chinchilla- und Streifenhörnchenkäfige, die in der Regel die besten käuflichen Rattenheime sind, da sie die richtige Höhe, einen engen Gitterabstand, eine hohe Bodenwanne und große Türchen haben. Da Ratten viel klettern, sollten die Käfige für zwei bis drei Tiere 100 cm hoch sein und eine Grundfläche von 80 x 80 cm haben. Besser ist jedoch ein Gehege mit 200 cm Höhe: je größer, desto besser.

Genügend Verstecke bieten Rückzugsmöglichkeiten und werden von den unternehmungslustigen Gesellen gern als Spielplatz genutzt.

- **Käfige für Meerschweinchen und Kaninchen** weisen zwar oft eine ausreichende Grundfläche auf, es fehlt ihnen jedoch an Höhe. Außerdem sind die Gitterabstände in der Regel so weit, dass Ratten ohne Probleme hindurchkommen. Um auch junge Ratten sicher unterzubringen, sollte der Gitterabstand nicht mehr als 1,2 cm betragen. Damit die Bewohner im Käfig klettern können, sollten sie Gitterstäbe quer angebracht sein.
- **Vogelkäfige und Glasbecken** sind zur Unterbringung von Ratten wenig geeignet. An Vogelkäfigen finden sich viele Ausbruchsmöglichkeiten, auch sammelt sich Schmutz in den Ecken unter den Schubladen. In Aquarien und Terrarien bildet sich wegen der oft mangelhaften Luftzufuhr schnell ein ungünstiges Klima, das Krankheiten begünstigt.
- **Hamster- und Mäusekäfige** eignen sich gut als Notunterkünfte, Quarantänestation und zur Unterbringung von Jungtieren. Als Dauerbehausung für die agilen Nager kommen sie nur bei ausreichender Größe in Frage.

▸ Mit etwas handwerklichem Geschick kann man das perfekte Rattenheim auch selbst bauen. Dazu eignen sich am besten beschichtete Spanplatten, aus denen man eine Art Kiste baut. Vorne angebrachte Gittertüren erleichtern die Reinigung. Die Seitenteile sollten zumindest teilweise aus Gitter bestehen. Mit Gitter bespannte Seitenwände bieten den unternehmungslustigen Ratten zusätzliche Klettermöglichkeiten. Ein etwa 15 bis 20 cm hoher Rand aus Glas oder Holzspanplatten verhindert ein Herausschleudern der Einstreu.

Grasnester müssen vollkommen zerlegbar sein – ohne Drahtgeflecht.

Der richtige Standort für das Rattenheim

Der perfekte Platz für Ratten ist im Wohnbereich der Menschen. Folgende Punkte sollten bei der Standortwahl unbedingt beachtet werden:

▸ Zugluft, hohe Luftfeuchtigkeit bei niedriger Temperatur und Zigarettenrauch schaden den Tieren.

▸ Hitze durch direkte Sonneneinstrahlung oder die Nähe von Heizkörpern kann zum Hitzschlag führen.

▸ „Gefahr von oben" wirkt bedrohlich auf viele Nagetiere, auch wenn es die wohlmeinende Hand des Pflegers ist. Niedrige Rattenheime sollte 80 bis 100 cm über dem Boden stehen.

▸ Die Nähe von Lautsprechern ist für Ratten eine Qual, da die Tiere für den Menschen unhörbare Frequenzen wahrnehmen (Seite 10). Platzieren Sie deshalb das Rattenheim bitte nicht genau neben der Stereoanlage oder dem Fernsehgerät.

▸ Manche Ratten zeigen viel Geschick, Dinge aus direkter Umgebung durch das Gitter in den Käfig zu ziehen. Deshalb sollte nichts in Reichweite der Tiere sein.

Die Inneneinrichtung

Damit Ihre Ratten sich in ihrer Behausung auch so richtig wohl fühlen, muss sie natürlich den Bedürfnissen der Tiere entsprechend eingerichtet werden.

Käfigeinstreu

Die Einstreu sollte staubfrei und saugfähig sein. Die im Handel erhältliche Kleintierstreu besteht meist aus Hobelspänen, die sehr gut geeignet sind, wenn sie nicht stauben. Achten Sie darauf, eine gute Qualität zu kaufen ohne grobe Späne oder spitze Splitter. Auch Stroh-, Mais- oder Hanf-Einstreu hat sich bewährt. Eine 10 cm dicke Schicht in der Bodenwanne genügt, um Urin aufzusaugen und den Ratten auch das Graben zu ermöglichen. Sollten Ihre Ratten konsequent immer die gleichen Ecken im Käfig für ihr „Geschäftchen" benutzen, können Sie die Streu dort in ein flaches Kistchen geben. Die Streu in dieser Toilette lässt sich dann leicht austauschen. Katzenstreu saugt zwar zuverlässigt Flüssigkeit und Geruch auf und wird von vielen Rattenhaltern auch gern genutzt, kann im Magen aber verklumpen und dadurch tödlich wirken, wenn die Tiere die Brocken fressen. Außerdem stauben einige Katzenstreusorten stark, was zu Lungenreizungen führen kann.

Bei der Einrichtung beachten

Der Käfig muss trotz Einrichtung leicht zu reinigen sein.

Die Ausstattungsmaterialien dürfen nicht gesundheitsschädlich sein: kein Weichplastik, keine Äste giftiger Bäume, keine überstehenden Nägel etc.

Die Einrichtung muss sicher befestigt werden, damit es nicht zu Unfällen kommt. Sie muss zur gründlichen Reinigung aber trotzdem herausnehmbar sein.

Häuschen

Als Unterschlupf sind viele Dinge geeignet: Holznistkästen für Groß-Sittiche und Meerschweinchen-Häuschen haben meist die ideale Größe und sind daher gute Schlafhäuschen für Ratten. Achten Sie beim Kauf darauf, dass sich der Deckel öffnen lässt, das erleichtert Ihnen die Kontrolle des Häuschens, etwa um gebunkertes Frischfutter zu entfernen. Sie müssen jedoch einkalkulieren, dass Sie unbe- handelte Holzhäuschen öfter austauschen müssen, da sie mit Urin verschmutzt werden und dann eventuell unangenehm riechen. Gute Versteckmöglichkeiten können Sie aber auch aus umgedrehten Blumentöpfen aus Ton mit einem Loch am Rand (ohne scharfe Kanten) oder sauberen Pappschachteln schaffen.

Nestbaumaterial

Weißes Toiletten- oder Küchenpapier, Heu und unparfümierte Papiertaschentücher sind billiges und praktisches Nestmaterial.

Viele Ratten genießen es, ein Bad in Chinchillasand zu nehmen. Dabei wird auch gleichzeitig das Fell gepflegt und in Form gehalten.

Einige Ratten reagieren jedoch allergisch auf Heu.

▸ Achtung: Sehr gefährlich ist die in vielen Zoofachgeschäften erhältliche Nestwatte („Hamsterwatte"). Die langen Fasern dieser Watte können sich um die Beine der Tiere wickeln und dabei die Blutzirkulation behindern. Auch an den Krallen der Ratten können sie hängen bleiben. Vorsicht sollte man auch bei Stoffresten walten lassen: Manche Ratten zerlegen diese in kleinste Stücke. Fäden aus Textilien können ähnlich verhängnisvoll wirken wie Hamsterwatte!

SMART

Spaß im Sandbad

- **Manche Ratten** lieben es, sich ausgiebig in Chinchillasand zu wälzen. Das macht den Tieren nicht nur Spaß, sondern unterstützt die Nager auch bei der Fellpflege.
- **Bieten Sie** den Sand z. B. in einer Keramikschale oder einem Badehaus für Chinchillas an.
- **Verwenden Sie** nur speziellen Chinchillasand. Vogel-, Bau- oder Spielsand ist zu scharfkantig und kann Haut und Fell schaden.

Näpfe

Als Futternäpfe verwendet man zwei standfeste Keramik- oder Steingutnäpfe: einer für das Trockenfutter, der andere für Frisches. Stellen Sie die Futtergefäße auf den Boden in der Mitte des Käfigs. Ratten laufen gerne am Gitter entlang der Reviergrenzen. Dort platzierte Futtergefäße würden durch das Darüberlaufen schnell verschmutzt werden. Das Trinkwasser bleibt in Trinkflaschen sauber. Bewährt haben sich Nippeltränken aus Kunststoff, die in einer für die Tiere leicht erreichbaren Höhe von außen am Käfig befestigt werden.

Abenteuerlandschaft

In ein tiergerechtes Rattenheim gehören aber noch viel mehr Einrichtungsgegenstände als die reine Grundausstattung. Schließlich muss es seinen Bewohnern reichlich Abwechslung bieten und dazu gehören beispielsweise Turn- und Klettermöglichkeiten. Bei der Ausgestaltung eines Rattenheims sind Ihrer Phantasie kaum Grenzen gesetzt. Sie dürfen Innenarchitekt spielen und immer wieder Neues ausprobieren. Da Ratten neugierig sind, kann man auch immer wieder einmal einen Teil der Käfigeinrichtung auswechseln. Die völlige Umgestaltung ihres Lebensraumes würde die Ratten allerdings stressen und dadurch verschrecken und ängstlich werden lassen. Eine komplette Veränderung der Einrichtung ist auch nur beim Zusammenführung einander unbekannter Männchen nötig (Seite 34).

Kletterspaß für kleine „Bergsteiger"

Das hohe Rattenheim können Sie durch Holzetagen in mehrere Ebenen unterteilen. Auch Sitzbretter sind bei fast allen Ratten beliebte Aussichtspunkte. Befestigen lassen sich Etagen und Bretter einfach mit Haken aus dem Baumarkt. Wenn Sie Spanplatten verwenden, saugen sich die Bretter auch nicht so schnell mit Urin voll und müssen nicht so oft ausgewechselt werden. Vor Verschmutzung können Sie Holz auch schützen, indem Sie es mit einem speziellen Lack streichen. Dieser muss für Kinderzimmermöbel geeignet sein, lassen Sie sich im Baumarkt beraten. Verbinden können Sie die Etagen mit Holzleitern (Zoofachhandel), dicken Ästen oder Wurzeln von Ahorn,

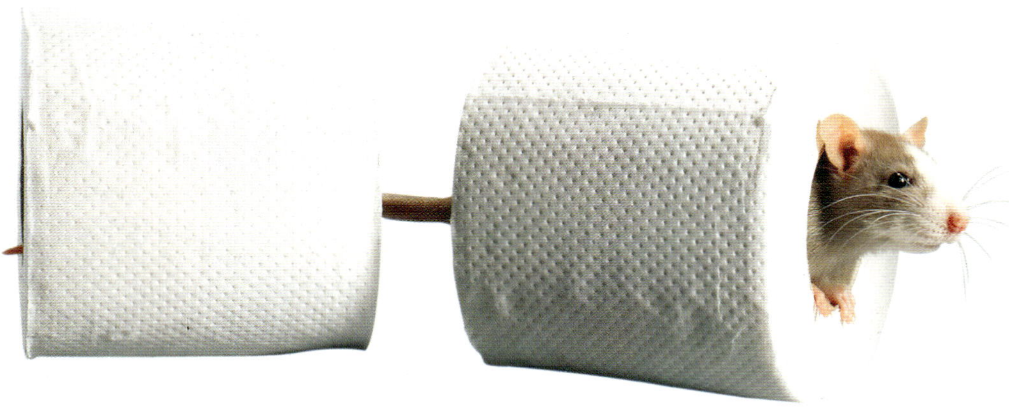

Toilettenpapier wird gern zum Auspolstern des Nestes verwendet.

Buchen, Weiden, Haselnusssträuchern und Obstbäumen. Beliebt sind auch Hängematten (Seite 65) und Kletterseile aus Kokosfasern, die Sie quer durch den Käfig am Gitter befestigen können. Achten Sie aber darauf, dass keine Holzsplitter abstehen.

Knabbern an Naturästen hält die Zähne kurz und liefert Mineralien.

Entdeckertouren

Ratten werden von dunklen Ecken magisch angzogen und lieben es, wenn Sie ihnen viele Versteckmöglichkeiten bieten. Tunnel sind bei ihnen besonders beliebt und mit Papp- oder Korkröhren mit einem Mindestdurchmesser von 6 bis 8 cm, bieten Sie den Tieren viel Abwechslung. Noch besser ist es, wenn Sie mehrere Röhren zu einem Labyrinth mit vielen Abzweigungen verbinden. Auch aus verschieden großen unbedruckten Pappkartons, die Sie ineinander stellen oder stabil stapeln, lassen sich tolle Erlebniswelten für die neugierigen Nager schaffen.

> SMART
> **Swimmingpool**
>
> - **Manche Ratten** baden gerne. Nach einem Bad im Wassernapf ist aber die Einstreu komplett durchfeuchtet.
> - **Bieten Sie** Ihren Ratten deswegen solch ein „Wannenbad“ nur beim Freilauf oder dann an, wenn Sie anschließend sowieso die Einstreu wechseln müssen.

Unterschiedliche Erlebniswelten

Mit wenigen Handgriffen können Sie die Rattenbehausung in verschiedene Abenteuerbereiche unterteilen. Dazu können Sie beispielsweise mehrere Nistkästen für Groß-Sittiche am Gitter aufhängen und diese einige Zentimeter hoch mit einem jeweils unterschiedlichen Material füllen, wie nicht zu feuchter, aber auch nicht zu trockener Erde, Chinchillasand oder speziellem Nagertorf. Gut eignen sich auch getrocknete Blätter von Weiden-, Nuss- oder Obstbäumen und zerkleinertes weißes Papier aus dem Aktenvernichter. Es gibt auch einige Ratten, die ganz alltägliche Gegenstände als Lieblingsplätze haben, etwa eine ausgediente Teekanne oder einen alten Schuh.

Freundschaft schließen

Bereits vor dem Kauf der neuen Hausgenossen sollte der Käfig fertig eingerichtet sein. Nach dem Transport, der für die Tiere fast immer Stress bedeutet, müssen Sie den Ratten einige Stunden Ruhe gönnen, für Kinder ist das oft schwer. So verständlich Ihre Neugier und Freude am Anfang auch ist – es sollten nicht gleich alle Freunde und Bekannte eingeladen werden, um die neuen Mitbewohner zu begutachten!

Ratten sicher transportieren

Spezielle Boxen aus Kunststoff mit Gitterdeckel und Haltegriffen sind für den Weg nach Hause sehr gut geeignet, relativ preiswert und z. B. auch für den Transport zum Tierarzt sehr nützlich. Sie sind einigermaßen ausbruchssicher und schützen vor Zugluft. Die Größe sollte 20 x 30 cm betragen. Pappschachteln vom Zoofachhändler werden schnell zernagt und eignen sich nur für kurze Wege.

▸ Polstern Sie diese Kiste reichlich mit Kleintierstreu und Heu aus, damit die Tiere darin nicht rutschen und sich verletzen.

▸ Futter müssen Sie nur während eines längeren Transports bereitstellen. Bei der Fahrt in den Urlaub sollten Sie in dem Behälter Körner anbieten sowie ein Stück Salatgurke, um den Wasserbedarf zu stillen.

▸ Geborgener fühlen sich die Ratten bei der Beförderung, wenn die Box im Dunkeln steht. Es ist selbstverständlich, dass der Transportbehälter mit seinem lebenden Inhalt vor allen Wetterunbilden wie Kälte, Hitze, Wind und Feuchtigkeit geschützt wird.

Eingewöhnung

Zuhause angekommen können Sie mit der direkten Kontaktaufnahme beginnen, sobald die Ratten ihr Versteck verlassen, etwas Futter aufgenommen und den Käfig

Zahme Ratten können Sie mit gesunden Leckerchen verwöhnen.

erforscht haben. Halten Sie einfach Ihre Hand ganz ruhig in den Käfig. Die neugierigen Tierchen werden sehr bald an ihr schnuppern und vielleicht sogar versuchen, daran zu knabbern. Bleiben Sie trotzdem ruhig, denn jede hastige Bewegung des Betreuers kann das eben erworbene Vertrauen gleich wieder zerstören. Machen Sie den Ratten zum Beispiel durch Anblasen oder Zischlaute klar, dass ein Biss in den Finger schmerzhaft ist.

▸ Da der Mensch für Ratten in erster Linie ein großer „wandelnder Kletterbaum" ist, werden sie bestimmt versuchen, am Arm hochzuklettern. Schrittweise können Sie sich nun mit der Ratte auf dem Arm oder der Hand (Seite 32) vom Käfig entfernen. Sie können auch zusätzlich die geselligen Nager sanft hinter den Ohren zu kraulen.

▸ Es ist schon viel gewonnen, wenn die Ratte ohne die Rückzugsmöglichkeit in den Käfig nicht verschreckt wird. Das Tier hat Vertrauen und der Besitzer hat einen kleinen Freund gewonnen, der auch ohne einen verlockenden Leckerbissen Interesse an seinem Pfleger hat und sich bei ihm genauso sicher

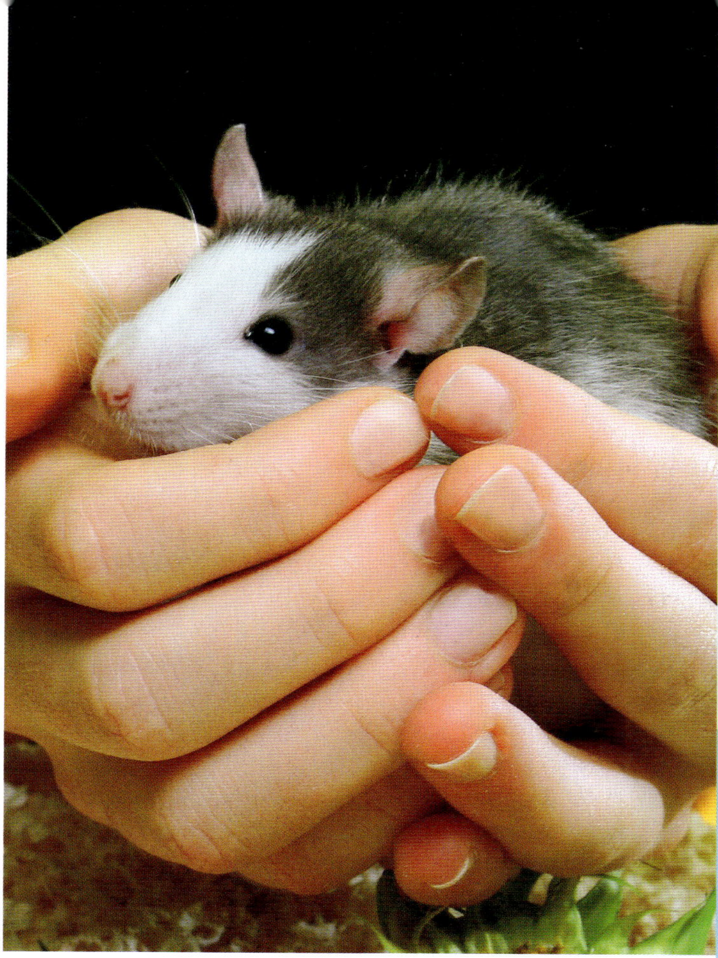

Halten Sie die quirligen Racker immer sanft aber sicher fest.

wie in seiner gewohnten Umgebung fühlt.

▸ Ob Leckerchen die Kontaktaufnahme erleichtern sollen, müssen Sie selbst entscheiden. In der Rattengruppe gibt ein ranghöheres Tier einem rangniederen niemals Futter ab. Meist gelingt es ohne „Bestechung", eine Ratte vertraut zu machen.

▸ Leider gibt es immer wieder sehr schüchterne Tiere, die auch bei wochenlanger Geduld nicht aus der Reserve zu locken sind. Nehmen Sie sie auch gegen ihren Widerstand sanft aus ihrem Versteck und setzen Sie sie sich unter Bluse oder Hemd. Die Wärme und Dunkelheit lassen auch kleine Drückeberger bald auftauen. Da besonders schüchterne oder verschreckte Ratten aus Angst häufig Kot und Urin absetzen, ist es besser bei den ersten Kontaktversuchen unempfindliche Kleidung zu tragen.

Ratten-Knigge

Nachdem Ihre Ratten Zutrauen zu Ihnen gefasst haben, gilt es, diesen Vertrauensvorschuss im Alltag zu bestätigen. Nehmen Sie Rücksicht auf die Bedürfnisse Ihrer Tiere. Je besser Sie sie verstehen, desto besser wird auch das Zusammenleben funktionieren.

Hochheben und Tragen von Ratten

Eine zahme Ratte, die Vertrauen zu „ihrem" Menschen gewonnen hat, können Sie vorsichtig mit einer Hand über den Schultern und unter dem Brustkorb hochheben. Um diese Art des Tragens für die Ratte nicht zu unangenehm werden zu lassen, sollte man sie mit der zweiten Hand unter dem Hinterleib unterstützen.

- **Quirlige Gesellen** sollten Sie besser mit beiden Händen sicher umfassen, damit die Racker nicht abstürzen und sich womöglich dabei schwer verletzen.
- **Der lange Schwanz** der Ratten verführt leider viele Menschen dazu, ihn zum Tragen zu benutzen. Da der Schwanzgriff für Ratten unangenehm und vor allem für schwerere Tiere sogar schmerzhaft und gefährlich ist, sollte man darauf verzichten. In Ausnahmefällen darf man ihn nur bei ungezähmten oder sehr hektischen Individuen benutzen. Dazu hält man die Tiere vorsichtig an der Schwanzwurzel (das heißt in Körpernähe) fest. Zum Hochheben unterstützt man das Tier mit der anderen Hand, damit es nicht frei am Schwanz kopfabwärts baumelt.
- **Vorsicht:** Heben Sie eine Ratte niemals am Schwanzende hoch! Der Schwanz kann dabei brechen oder sogar abreißen!

Streicheln und Spielen

Streicheln Sie eine Ratte nur so lange, wie sie offensichtlich Spaß daran hat. Versucht sie sich Ihrer Hand zu entziehen, weicht sie zurück, wird unruhig, läuft weg oder zwickt sogar in Ihren Finger, hat sie genug von den Streicheleinheiten und braucht nun ihre Ruhe, fühlt sich vielleicht sogar unsicher oder hat Angst.

Manche Ratten geben beim Streicheln wohlige Geräusche von sich. Man kann diese als großes Wohlbefinden oder absolute Entspannung deuten. Ähnlich wie bei Katzen das Schnurren können Ratten die Wohlfühlgeräusche aber auch in anderen Situationen, meist starken Erregungszuständen, von sich geben. Von Katzen ist ja auch bekannt, dass sie beim Tierarzt schnurren.

Wenn Ihre Ratten Lust und Laune auf ein gemeinsames Spiel haben, werden Sie Kontakt zu Ihnen suchen oder auf Ihre Aufforderung gerne eingehen.

Gehen Sie aber nicht auf jede Spielaufforderung Ihrer Ratten ein, manche können aufdringlich werden, wenn sie nicht lernen, dass es nicht immer nach ihrer Nase geht.

Die beiden Ratten genießen es sichtlich, von „ihrem" Menschen liebevoll hinter den großen Ohren gekrault zu werden.

▸ Der bei Kaninchen oder jungen Katzen praktizierte Nackengriff, bei dem das lose Fell im Halsbereich erfasst wird, ist für Ratten völlig ungeeignet und für die Tiere sehr schmerzhaft.

Der richtige Umgang

Es sollte für jeden Rattenhalter selbstverständlich sein, seine Tiere nicht aus dem Schlaf zu reißen oder beim Fressen zu stören. Am günstigsten ist es, zu warten, bis sie freiwillig auf die Hand kommen und damit ihre Bereitschaft für gemeinsame Aktionen signalisieren.

▸ Achten Sie strikt darauf, dass Ihre Hände beim Hantieren mit den Tieren nicht nach Futter riechen. Manche parfümierte Hautpflegemittel duften nach Obst. Da Ratten wie alle kleinen Säugetiere sehr geruchlich orientiert sind, erkennen sie möglicherweise nicht den „Menschenduft" und zwicken Sie in die Hand. Die optische Wahrnehmung spielt eine viel geringere Rolle als bei uns Menschen. Ungewohnte Parfums können ebenfalls sehr irritierend sein und manchmal sogar Scheu oder Aggressivität bewirken.

SMART

Lieblingsplatz

- **Zahme Ratten** lieben es oft, auf der Schulter „ihres" Menschen zu sitzen und mögen das eher, als getragen zu werden.
- **Fast alle Tiere** bleiben dort auch ruhig sitzen ohne runterzuspringen.
- **In der Wohnung** können sie den unternehmungslustigen Nagern diesen Spaß auch gönnen.
- **Im Freien** sollten Sie sich dies aber gut überlegen. Leicht kann es passieren, dass sich eine Ratte dort erschreckt und wegläuft.

Freunde finden

Ratten sind sehr gesellige Tiere, deren Leben in der Gruppe von einer festgelegten Rangordnung bestimmt wird. Auch wenn es um ihr Revier geht, haben die Tiere genaue Vorstellungen, wer es betreten darf. Ein neuer Artgenosse wird nicht ohne Weiteres akzeptiert.

Mäusepulk: Jungtiere gewöhnen sich am besten aneinander.

Vergesellschaftung

Da auch einzeln lebende Ratten vor allem ihr Revier – ihr Rattenheim – verteidigen und einen „Eindringling" nicht ohne Widerstand und Kämpfe akzeptieren werden, sollte man die vorsichtige Eingewöhnung einander fremder Tiere auf neutralem Boden vornehmen.

- **Junge Tiere** sind viel leichter aneinander zu gewöhnen als ältere. Weibchen akzeptieren meist auch in höherem Alter unbekannte Artgenossen. Meist problematisch ist hingegen die dauerhafte Vergesellschaftung einander unbekannter, ausgewachsener Männchen.
- **Neuzugänge** sollten zuerst 14 Tage in einem anderen Raum untergebracht werden. Diese Quarantäne schützt die vorhandenen Tiere vor eventuell eingeschleppten, ansteckenden Krankheiten. Diese Zeit können Sie nutzen, um deren Vertrauen zu gewinnen.
- **Stellen Sie** die Käfige danach mit Sicherheitsabstand nebeneinander auf, damit die Tiere aus der Ferne Kontakt aufnehmen können.
- **Zeigen Sie freundliches Interesse,** sollte man die Ratten vorerst außerhalb ihrer Reviere miteinander bekannt machen, z. B. in einem Auslaufgehege in einem anderen Zimmer. Es kann nützlich sein, die Neue mit etwas urinfeuchter Einstreu der alteingesessenen Ratten einzureiben, damit sie ihren Geruch annimmt. Scheinen die Tiere sich zu vertragen, folgt der nächste Schritt.
- **Reinigen** und gestalten Sie den Käfig der schon vorhandenen Ratte komplett neu, durch diese Veränderung wird ihr Revierverhalten abgemildert und sie den neuen Mitbewohner schneller akzeptieren. Der Neuzugang darf zuerst einziehen.
- **Anfangs** wird es im Auslauf und im Käfig noch Rangkämpfe geben, die auf den menschlichen Zuschauer aggressiv und unfreundlich wirken. Solange es nicht zu Beißereien kommt, sollten Sie in dieser Phase jedoch nicht eingreifen. Nach Festlegung der Rangordnung wird Frieden einkehren.
- **Sollte es** zu ernsthaften Streitigkeiten kommen, bei denen Blut fließt, müssen

Sie die Tiere trennen. Doch Vorsicht: Auch zahme Ratten können in dieser Situation ihren vertrauten Besitzer heftig beißen – tragen Sie beim Trennen einen dicken Lederhandschuh!

Ein gutes Team nimmt auch die Mahlzeiten zusammen ein.

▸ Innerhalb des Rattenrudels kann es immer wieder zu kleineren Querelen kommen, die auch zum gegenseitigen Kräftemessen dienen.

Eine junge Ratte, die kräftiger wird, will eines Tages die Herrschaft in der Gruppe übernehmen. Das ist ein völlig normales Sozialverhalten, das Sie als Rattenhalter akzeptieren müssen.

▸ Da Ratten Individualisten sind, ist es unterschiedlich, wie schnell die Tiere sich aneinander gewöhnen. Auch gibt es gelegentlich absolute Einzelgänger, die sich mit keinem Artgenossen vertragen. Sie können sich bei der Vergesellschaftung auch von einem erfahrenen Rattenhalter beraten lassen.

SMART

Ratten und andere Tiere

- **Ratten** können nicht mit anderen Nagern oder Kaninchen vergesellschaftet werden. Zu groß sind die Unterschiede beim Futter, im Verhalten und bei den Bedürfnissen. Auch kann es Streit um das Revier geben.
- **Vögel** fühlen sich in Nähe von Ratten nicht wohl.
- **Für Hunde, Katzen und Reptilien** gehören Ratten meist zum Beuteschema und ein Zusammensein ist sehr gefährlich. Allenfalls kann es mit gut erzogenen Hunden funktionieren.

Das richtige Futter

Ratten sind keine Kostverächter und nehmen fast alles, was sie bekommen können. Gerade deswegen ist eine ausgewogene und vielseitige Ernährung so wichtig.

Aufgetischt

Das Futter sollte größtenteils aus Kohlenhydraten bestehen und Fett und Eiweiß in einem geringeren Prozentsatz als in menschlicher Nahrung enthalten sein. Unsere Essensreste sind für Ratten ungeeignet, da sie meist zu fett, salzig oder gewürzt sind. Achten Sie auch auf Qualität: Verdorbenes Futter gehört in den Mülleimer! Ratten „wissen" im Übrigen nicht, was ihrer Gesundheit zuträglich ist. Bitte machen Sie keine Experimente! Nicht alles, was Ratten gerne fressen, ist auch gut für sie!

Süße Weintrauben sind Leckerbissen, sollten aber eine eher seltene Belohnung bleiben, da sie reichlich Zucker enthalten.

Kohlenhydrate sind wichtig

Körner enthalten vor allem Kohlenhydrate und eignen sich deshalb als Grundnahrung. Sie sollten stets zur Verfügung stehen, da Ratten über den Tag verteilt immer wieder kleine Futterportionen verzehren.

- Als Grundfutter geben Sie am besten eine spezielle Rattenfuttermischung aus dem Zoofachhandel. Als Richtwert gibt es einen Esslöffel voll pro Tier am Tag. In großen, kommerziell geführten Rattenzuchten werden spezielle Presslinge verfüttert, die alle lebensnotwendigen Nährstoffe enthalten. Sie sollten Ihren Ratten diese Pellets nicht geben, da sie sehr eintönig sind.
- Kleine Extras: Gelegentlich darf es auch ein hartes Stück Knäckebort oder Vollkornbrot sein, sofern es garantiert schimmelfrei ist. Ab und zu können Sie auch gekochten, ungewürzten Reis oder Nudeln verfüttern. Ihre Ratten sollten aber keinesfalls als Restevertilger von Tischabfällen gesehen werden!

Proteinfutter

Der Anteil von tierischem Eiweiß an der Nahrung schwankt bei frei lebenden Ratten beträchtlich. Ganz allgemein sind sie als „Allesfresser" mit überwiegend pflanzlicher Nahrung zu bezeichnen. Da tierisches Eiweiß in der Natur nicht leicht erreichbar ist, stürzen sich Ratten darauf. Bitte geben Sie Ihren Lieblingen nicht zu viel davon, da dies schwere Gesundheitsschäden verursachen kann. Aufgrund der großen Beliebtheit sollte Eiweiß immer nur als „Leckerbissen" zwei- bis dreimal pro Woche gegeben werden. Kleine Mengen Sauerrahm, Quark, Joghurt, Hüttenkäse, milder Hartkäse oder gelegentlich ein Mehlwurm sind den Ratten sehr willkommen und ausreichend für ihre Gesundheit.

Mehlwürmer sind ein Leckerbissen, sollten aber nur hin und wieder gegeben werden.

Zusatzkost

Hundekauknochen und sehr harte Hundekekse ermöglichen Ihren Ratten das für Nagetiere lebensnotwendige Abwetzen der Nagezähne (Seite 11). Ziehen Sie aber eiweißhaltige Knabbersachen von der wöchentlichen Proteinration ab, damit es nicht zu einer Überversorgung kommt. Die meisten Ratten lieben frische Zweige von Obstbäumen (kein Steinobst), Buchen, Birken, Ahorn oder Haselnusssträuchern. Diese dürfen jedoch nicht mit Spritzmitteln, Vogelkot und Autoabgasen verunreinigt sein.

Trinkwasser

Ratten, die reichlich mit saftigem Frischfutter versorgt werden, trinken kaum. Frisches, täglich erneuertes Trinkwasser muss trotzdem immer zur Verfügung stehen. Bieten Sie es in Nippeltränken an (Seite 27).

Frisch & knackig

Zur ausgewogenen Ernährung Ihrer Ratten gehört auch Frischfutter, dass sie mit Vitaminen und anderen Nährstoffen versorgt.

Grün- und Saftfutter

Es gibt nur wenige Obst- und Gemüsesorten, die Ratten verschmähen. Sie können Ihren Lieblingen fast alle Arten anbieten, die auch Sie gerne essen – und vielleicht sogar noch mehr. Folgendes sollten Sie aber bedenken:

- Verfüttern Sie bitte nur Gemüse und Obst von einwandfreier Qualität. Nach Möglichkeit sollten Sie wegen der Schadstoffbelastung nur auf Bio-Produkte zurückgreifen.
- Waschen Sie das Futter vor dem Verfüttern mit lauwarmem Wasser ab und lassen Sie es gut trocknen. Falls Sie den Tieren Zitrusfrüchte anbieten (siehe rechts), müssen die immer die Schale gründlich entfernen.
- Vermeiden Sie die übermäßige Verfütterung bestimmter Obst- und Gemüsesorten, da Ratten dann die gleichen gesundheitlichen Probleme bekommen können wie auch Menschen (z. B. Durchfall oder Blähungen).
- Geben Sie kein blähendes Obst und Gemüse wie Kohlarten, Zwiebeln oder reife Birnen. Kopfsalat kann schwere Durchfälle verursachen – verzichten Sie daher bei der Fütterung darauf.
- Sorgen Sie für Abwechslung und vermeiden Sie ein einseitiges Angebot, egal von welchem Futter. Geben Sie beispielsweise sehr wasserhaltiges Gemüse wie Tomaten oder Gurken, gleichzeitig mit weniger wasserhaltigen Sorten wie Äpfeln oder Möhren.
- Bieten Sie sehr säurehaltiges Obst, wie Zitrusfrüchte und Kiwis, lediglich in kleinen Mengen an, da es von vielen Ratten nicht gut vertragen wird – verzichten Sie besser ganz darauf.
- Servieren Sie alles als Rohkost – außer Kartoffeln und Hülsenfrüchte – die den Ratten nur gekocht gegeben werden dürfen.

Giftig oder unbekömmlich

Zimmerpflanzen: u.a. Agaven, Alpenveilchen, Azaleen, Christusdorn, Dieffenbachie, Efeu, Farne, Flamingoblume, Hyazinthen, Mittagsblume, Narzissen, Porzellanblume, Weihnachtsstern, Zimmerkalla.

Obst: u.a. Avokado, Granatapfel, Kumquat, Litchi, Mango, Papaya, Physalis, Steinobst, Zitrusfrüchte.

Wegen des ätherischen Öls keine Nadelhölzer geben.

Vitamine und Mineralstoffe

Durch ein abwechslungsreiches und ausgewogenes Futter erübrigt sich die zusätzliche gabe von Vitaminpräparaten, Mineralien und Spurenelementen. Werden diese Extras unbedacht gegeben, kann es sogar zu einer Überversorgung kommen. Lediglich bei alten, kranken oder trächtigen Tieren kann dies notwendig sein, lassen Sie sich dann von Ihrem Tierarzt beraten. Er wird Ihnen auch die passenden Präparate geben oder sagen, welche aus dem Zoofachhandel angebracht sind. Von der Verwendung von Vitaminpräparaten aus der Humanmedizin ist abzuraten, da diese meist zu stark konzentriert sind. Einige Vitamine werden von den Nagern gar nicht benötigt, weil sie diese im Gegensatz zum Menschen selbst produzieren (z. B. Vitamin C). Ein Überschuss dieser Vitamine wäre schädlicher als eine Unterversorgung. Viele Ratten mögen den Geruch von Vitaminen des B-Komplexes gar nicht, sodass sie danach riechendes Futter oder Wasser völlig ablehnen.

Rattenphantasie: So ein großes Käsestück gibt es nur im Traum, gelegentlich ein kleiner Happen milder Hartkäse ist aber erlaubt.

SMART

Selbst gesammelt

- **Viele Ratten** lassen sich auch Kräuter schmecken. Diese müssen sauber sein und dürfen wegen der Abgase nicht an viel befahrenen Straßen oder direkt an Wegen, an denen sich viele Hunde lösen, gesammelt werden.
- **Leckere Kräuter:** Basilikum, Dill, Echinacea, Gänseblümchen, Hirtentäschelkraut, Kamille, Löwenzahn, Malve, Melisse, Petersilie, Ringelblumenblüten, Salbei, Schafgarbe, Sonnenblume, Vogelmiere

Nahrungsmenge

Da die Menge der benötigten Nahrung schwankt und vom Alter, der Größe und den individuellen Eigenheiten der Ratten abhängt, lassen sich nur schwer genaue Angaben machen, die für alle Tiere gelten. Als Faustregel gilt, immer nur so viel zu füttern, dass am nächsten Tag lediglich noch ein ganz kleiner Rest des Futters übrig bleibt. Eine vernünftige Zusammenstellung des Futters mit wenig fetthaltigen Bestandteilen verhindert das Fettwerden Ihrer Ratten. Überprüfen Sie auf jeden Fall auch, ob die Ratten einen Teil der Nahrung im Gehege verscharrt oder versteckt haben (Seite 46)!

Fit mit fun

Ratten sind intelligente und soziale Nagetiere, die gefordert werden müssen, damit sie sich wohl fühlen. Hier kommt Ihre Phantasie ins Spiel, um Ihren cleveren Untermietern spannende und tiergerechte Beschäftigung zu bieten.

Die Beschäftigung mit den Ratten ist nicht als „Pflegearbeit“ zu bezeichnen, aber mindestens genau so wichtig. Für einzeln lebende Ratten ist es schier unmöglich, einen Ersatz für fehlende Artgenossen zu schaffen (Seite 18). Eine einzeln lebende Ratte muss deshalb täglich viele Stunden Körperkontakt mit ihrem Menschen haben können. Regelmäßiges Kraulen, Streicheln und Herumtragen auf oder in der Kleidung kann ein wenig als Ausgleich dienen. Auch bei in Gruppen lebenden Ratten bietet das Herumklettern und Erkunden auf der Schulter viel Abwechslung, es ist aber nicht täglich notwendig. Zusätzlich sorgen Spiele für Beschäftigung. Sie müssen sich aber nicht täglich neue ausdenken, wird ein Spiel langweilig, machen Sie damit ein paar Tage Pause, dann gefällt es wieder.

1

◂ **Futterspiele** Wild lebende Ratten verbringen viel Zeit des Tages mit der Suche nach Futter. Nutzen Sie dieses natürliche Verhalten der Tiere, um sie richtig zu beschäftigen. Ideal sind Futterspiele, denn ein leckerer Happen ist meist die beste Motivation, etwas zu unternehmen. Mit einem Leckerbissen vor Augen können Sie die Tiere z. B. auch durch ein selbst gebautes Labyrinth aus Karton oder Holz lotsen oder zum Männchen machen animieren. Manchmal ist es schon spannend genug, einen Futterbrocken in einer alten Socke zu verstecken.

2

◂ **Suchspiele** Innerhalb des Käfigs gibt es viele Möglichkeiten, etwas Neues zu bieten, mit dem sich die Ratten beschäftigen können: Pappröhren von Küchen- oder Toilettenpapierrollen, saubere Kartonverpackungen und immer wieder frische, ungespritzte Zweige können zernagt werden. Besonders viel Spaß macht es den Tieren, unter Heu oder in einem Karton versteckte Leckerbissen oder auch Körnerfutter aufzustöbern.

▸ **Kletterspiele** Ziegelsteine werden zu einem spannenden Rattenparadies, wenn Sie diese mit leckeren Happen spicken. Stabil aufeinandergestellt, können Sie daraus eine richtige Pyramide bauen, die zum Klettern und Entdecken einlädt. Auch unter trockenem Laub, Heu oder Stroh können Sie besonders beliebte Leckerbissen verstecken. Durch unregelmäßige und über den Tag verteilte Fütterungen können Sie zusätzlich die Aktivität der Tiere anregen.

3

4

▴ **Kleine Präsente** Papier bietet Ihnen zahlreiche Möglichkeiten, um Ihren aufgeweckten Rackern reichlich Abwechslung zu bieten. Sie können Leckerbissen darin als „Geschenk" einwickeln, die Ratten werden es aufgeregt auspacken. Oder Sie füllen einen Karton mit Papierschnipseln und geben dort die tägliche Futterration hinein.

Ratten on tour

Die Möglichkeit, Dinge zu durchstöbern und zu erkunden, ist für Ratten viel wichtiger als Auslauf und Bewegung. Dabei kann natürlich eine Wohnung Einiges bieten. In der für menschlichen Gebrauch bestimmten Unterkunft gibt es jedoch so manche Gefahr für Ratten.

Gefahren beim Freilauf

Freiliegende Elektrokabel sollten Sie so verstecken, dass sie für Ratten nicht erreichbar sind. Heiße Gegenstände, wie Bügeleisen und brennende Kerzen wegstellen.

Die Spalten hinter oder unter Möbelstücken sollten Sie verkleiden oder so vergrößern, dass Sie die Ratte notfalls dort erreichen und greifen können oder sie dort kein Versteck findet.

Beseitigen Sie gefüllte Aschenbecher, Zigaretten, Medikamente, Chemikalien und ähnliche Dinge, die in einem Zimmer, in dem Ratten leben, ohnehin nichts verloren haben sollten.

Bewegen Sie sich vorsichtig, sowohl beim Laufen und Setzen. Schon viele kleine Nagetiere wurden beim Freilauf vom eigenen Besitzer zertreten oder erdrückt.

Halten Sie größere Heimtiere wie Katzen und Hunde vom Gehege fern, die den Ratten eventuell Schaden zufügen oder sie durch ihre Anwesenheit stressen können.

Schützen Sie Ihre anderen Heimtiere wie kleinere Vögel, Hamster und Mäuse, vor den eventuell zudringlichen Ratten beim Freilauf in der Wohnung. Manche Ratten schaffen es tatsächlich, einen Vogelkäfig von außen zu öffnen und die darin befindlichen Bewohner zu töten!

Freilauf in der Wohnung

Sie sollten Ihren Ratten daher ausschließlich unter Aufsicht Auslauf gewähren. Entfernen Sie alle möglichen Gefahrenquellen schon vor dem Freilauf und schließen Sie alle Fenster, Türen und Schubladen. Lassen Sie die Tiere trotzdem nie aus den Augen, vor den eifrigen Entdeckern ist in Ihrer Wohnung nichts sicher! Ratten können erstaunlich gut klettern. Vorhänge, Regale und sogar struktuierter Wandverputz werden von besonders geschickten Nagern zum Emporklettern benutzt!

- Lassen Sie die Tiere erst in der Wohnung frei laufen, wenn sie handzahm sind und sich ohne Stress von Ihnen aufnehmen lassen.
- Vermeiden Sie es unbedingt, die Ratten in einer wildern „Verfolgungsjagd“ wieder einzufangen.
- Sie erleichtern den Tieren die Rückkehr in ihr Heim, wenn Sie eine kleine Leiter oder ein Seil vom Fußboden zum Käfig legen. Solch eine Rückzugsmöglichkeit gibt den Ratten Sicherheit.

Achtung Ausbruchskünstler!

Leider gibt es wahre Ausbruchskünstler, die sich immer wieder selbstständig Freilauf in der Wohnung verschaffen. Das vom Boden aus erreichbare Rattenheim wird sie in den meisten Fällen als sicherer Rückzugsort bald wieder in den Käfig locken. Zahme Ratten kommen – vielleicht zusätzlich angelockt durch unwiderstehliche Leckerbissen – schnell aus ihren Verstecken. Scheuere Tiere in der Eingewöhnungsphase werden ihr vertrautes Heim meist freiwillig zur Futter- und Wasseraufnahme wieder aufsuchen. Leckerbissen, die im Zimmer verteilt sind, könnten dagegen so manche scheue Ratte dazu anregen, sich hinter dem Kleiderschrank „häuslich" einzurichten und dort das Futter zu sammeln. Deponieren Sie die Leckerbissen also besser nur im offenen Rattenheim. Mit Hilfe eines kleinen Karabinerschlosses an den Türchen lässt sich der nächste „Ausbruch" verhindern.

Auch beim Frühstück leisten Ihre kecken Untermieter Ihnen gerne Gesellschaft und riskieren einen begehrlichen Blick auf Ihren Teller.

SMART

Ratten auf der Schulter

- **Gehen Sie** am besten nicht mit der Ratte auf der Schulter „spazieren". Gerade für scheue, nervöse Tiere ist das Stress.
- **Draußen** brauchen die Tiere unbedingt eine Rückzugsmöglichkeit in Pullover, Tasche o. Ä.
- **Wird die Ratte** unruhig, muss sie sich oft lösen.
- **Meiden Sie** verrauchte Räume und Lärm und lassen Sie die Ratten nicht im Freien laufen, sie können sich mit schweren Krankheiten anstecken.

Rücksicht nehmen

Noch ein Appell an wahre Rattenfreunde: Mit einem provokativen „Zur-Schaustellen" des Tieres auf der Schulter erntet man nur Ablehnung! Nur der behutsame Umgang mit dem Nager und mit den Mitbürgern kann die Akzeptanz der Ratten erhöhen. Um das Image der Tiere zu verbessern, sollten Sie besser die liebenswerten Seiten von Ratten als Heimtieren hervorheben und um Akzetanz und Verständnis für die Nager zu werben.

Liebevoll umsorgt

46 Zimmerservice

48 Fitte Ratten dank Vorsorge

50 Parasiten

52 Häufigere Krankheiten

54 Was Sie tun können

56 Nachwuchs im Rattenheim

SPEZIAL 58 Kleine Ratten werden groß

Zimmerservice

Ratten haben leider noch oft den Ruf, dass sie unsaubere Tiere sind und unangenehm riechen. Vielleicht hängt das damit zusammen, dass einige der wildlebenden Artgenossen im „Untergrund" in Abwasserkanälen leben. Tatsächlich sind die Nager aber reinliche Tiere, die täglich viel Zeit mit der Körperpflege verbringen.

Die Tiere haben auch keinen unangenehmen Eigenduft. Wenn der Halter es allerdings nicht so genau mit der Hygiene des Rattenheims nimmt, stellt sich nach kurzer Zeit ein strenger Geruch im Käfig ein. Verwenden Sie für die Säuberung von Käfig und Einrichtung keine scharfen Reinigungsmittel, diese können die Atemwege reizen und den Tieren schaden. Heißes Wasser und Essigreiniger sind dafür vollkommen ausreichend.

Pediküre gehört auch bei Ratten zu einem gepflegten Äußeren.

Die regelmäßigen Pflegearbeiten

Ratten gehören zu den „pflegeleichten" Tieren, die nicht viel Mühe machen.

Tägliche Pflegearbeiten:

- Vor dem Füttern mit Streu vermischtes und verdorbenes Saftfutter entfernen.
- Frisches Saft- und Grünfutter und Körner geben.
- Trinkflaschen mit einer Flaschenbürste und die Futterschüsseln mit heißem Wasser reinigen.
- Trinkwasser erneuern.
- Die Schlafplätze und Ecken des Käfigs kontrollieren, weil Ratten dort gerne Futter verstecken. Da viele Nager die Gewohnheit haben, Vorräte mit Urin zu markieren, kann das Futter schimmeln.
- Gesundheitskontrolle (Seite 48).

Etwa jeden zweiten Tag:

- Großflächig die Einstreu der Urinecken entfernen.

Einmal pro Woche:

- Eine Gesamtreinigung des Käfigs vornehmen. Dazu die Einstreu komplett erneuern und den Käfig und die Einrichtungsgegenstände mit heißem Wasser und etwas mildem Essigreiniger abwaschen. Bitte alles gut trocknen lassen, bevor die Ratten wieder zurück in ihr Heim dürfen.
- Wie oft eine Gesamtreinigung des Käfigs notwendig ist, hängt von mehreren Faktoren ab. Bei vielen Tieren auf relativ wenig Raum und reichlichem Angebot an saftigem Obst und Gemüse ist eine häufigere Reinigung erforderlich.

Prüfen Sie täglich, ob Ihre Ratten Vorräte im Nest bunkern.

Urlaub mit Ratten?

Mit Nagern zu verreisen bedeutet für die Tiere meistens großen Stress, leider sind Ratten auch nur selten willkommene Gäste. Auch wegen der möglichen Belastung durch Hitze, Kälte und Zugluft ist es besser, auf einen Urlaub mit Ihren Ratten zu verzichten.

- **Die Versorgung** bei einer längeren Abwesenheit sollten Sie gut planen. Meist finden sich Nachbarn, Freunde oder Verwandte, die die Ratten pflegen.
- **Wer ein Einzeltier** hält, muss es mit in den Urlaub nehmen. Eine kurze Anfahrtszeit und ein tolerantes Quartier sind Grundvoraussetzungen! Diese Einschränkungen in der Urlaubsgestaltung sind ein weiterer Grund, mindestens zwei Ratten zu halten, die sich in Ihrer Abwesenheit Gesellschaft leisten. Ein Einzeltier kümmert schon nach einem halben Tag ohne Zusprache.
- **Zwei oder mehrere Tiere** können Sie bei doppelter Portion Saftfutter, ausreichend Körnerfutter und Wasser über zwei Tage sogar ohne Urlaubssitter zu Hause lassen, ohne dass sie dabei Schaden nehmen.
- **Wer seine Ratte** öfter mitnimmt, sollte sich unbedingt einen Transportkäfig (Seite 30) besorgen. Diesen Käfig sollten Sie immer weich auspolstern.

Fitte Ratten dank Vorsorge

Leider sind die als Heimtier gehaltenen Ratten durch lange Inzucht und Laborhaltung viel krankheitsanfälliger geworden als ihre wild lebenden Artgenossen. Deswegen ist es so wichtig, dass Sie die Tiere täglich genau beobachten und sich bei Krankheitsanzeichen an den Tierarzt wenden.

Ratten auf dem Prüfstand

Die tägliche Fütterung und Spielstunde sind gute Gelegenheiten, um das Befinden Ihrer Ratten genauer unter die Lupe zu nehmen. Achten Sie bei der Gesundheitskontrolle auf folgende Punkte:

- Zeigt eine Ratte ein verändertes Verhalten?
- Hat ein Tier Durchfall? Ist der After eines Tieres nass oder verklebt?
- Tritt Nasenausfluss oder Niesen auf? Hat ein Tier eine „rote Nase“?
- Sind ungewohnte Atemgeräusche, z. B. Keuchen oder „Rasseln“ zu hören?
- Sind Augen und/oder Ohren verändert?
- Ertasten Sie kleine, ungewöhnliche Knötchen unter der Haut?
- Ist das Fell stumpf und schütter mit aufgekratzten Stellen? Juckt sich eine Ratte oft, hat gerötete Stellen auf der Haut oder Haarausfall?
- Fressen alle Tiere normal?
- Verliert ein Tier plötzlich stark an Gewicht oder nimmt sehr zu? Wiegen Sie Ihre Ratten einmal wöchentlich und notieren Sie sich das Ergebnis, um starke Gewichtsschwankungen frühzeitig zu erkennen.
- Ist das Verhalten der Tiere anders als sonst üblich? Sondert sich eine Ratte von der Gruppe ab, wird plötzlich aggressiv oder lässt sich nicht mehr streicheln?
- Kontrollieren Sie regelmäßig, ob die Schneidezähne der Tiere ausreichend abgenutzt sind. Das geht meist ganz leicht, wenn Sie ein Leckerchen über das Tier halten und es sich mit offenem Mäulchen danach reckt. Werden die Zähne nicht ausreichend abgenutzt, kommt es zu Zahnfehlstellungen und die Tiere können nicht mehr fressen. Dann kann nur noch der Tierarzt mit einer Zahnkorrektur helfen. Bieten Sie den Tieren deswegen immer ausreichend Nagematerial an. Die Schneidezähne von Ratten müssen übrigens gelb sein. Weiße Schneidezähne sind immer ein Anzeichen für einen Mangelzustand.

Tipps zum Tierarztbesuch

Andere Nagerhalter und Nagervereine können Ihnen helfen, einen mit Ratten erfahrenen Tierarzt zu finden.

Schreiben Sie sich am besten Ihre Fragen vorher auf, damit Sie während der Behandlung keine vergessen.

Kündigen Sie sich vor allem außerhalb der Sprechzeiten immer telefonisch an, um lange Wartezeiten und dadurch verursachten Stress für die Tiere zu verringern.

Schauen Sie sich Ihre Ratten täglich genau an, dann werden Ihnen Veränderungen, die auf eine Krankheit hinweisen, schnell auffallen.

Ein Fall für den Tierarzt

Beim Auftreten von Krankheitszeichen ist es wichtig, möglichst bald einen Tierarzt, der Erfahrung mit Ratten hat, um Rat zu fragen. Bei einer Selbstbehandlung ist die Gefahr einer Fehldiagnose und Schädigung durch falsche Medikamente sehr groß. Zudem haben kleine Säugetiere einen raschen Stoffwechsel. Sie leben sozusagen „schneller" als wir Menschen und dadurch verlaufen auch Krankheiten schneller. Erkundigen Sie sich gleich nach dem Rattenkauf nach einem erfahrenen Tierarzt in Ihrer Nähe.

- **Transportieren** Sie den Patienten in einer geeigneten Box, vor Zugluft und Witterungeinflüssen geschützt. Unterstützt durch einen Artgenossen hat er weniger Stress.
- **Informieren** Sie den Tierarzt über Haltungsbedingungen, Alter, Gewicht und Anzahl der Tiere, Fütterung, Gruppengröße, Vorerkrankungen und auffällige Symptome sowie bereits gegebene Medikamente.
- **Lassen Sie** sich verständlich die Diagnose, Behandlung und den möglichen Krankheitsverlauf erklären.

SMART

Ratten sind tapfer

- **Als typische Beutetiere** müssen Ratten Schwäche und Krankheitsanzeichen lange verbergen.
- **Sonst laufen sie Gefahr,** in freier Natur schnell Opfer eines Beutegreifers zu werden.
- **Zeigt eine Ratte** bereits Krankheitssymptome oder verweigert das Futter, ist sie meist schon sehr schwach. Deswegen ist es zu wichtig, frühzeitig Verhaltensänderungen zu erkennen und schnell darauf zu reagieren.

Parasiten

Ratten spielten in früheren Jahrhunderten eine große Rolle als gefürchtete Parasitenwirte und Krankheitsüberträger. Viele Epidemien wurden durch sie verbreitet. Glücklicherweise hat sich das geändert. In Europa geht selbst von wild lebenden Ratten kaum noch eine Krankheitsgefahr für den Menschen aus.

Fell und Haut geben Ihnen wichtige Hinweise auf den Gesundheitszustand eines Tieres. Schauen Sie sich deswegen täglich das Fell Ihrer Ratten an und fahren Sie regelmätig mit dem Finger gegen den Strich, damit Ihnen Veränderungen schnell auffallen. Auch die Vernachlässigung der Fellpflege ist ein Zeichen dafür, dass ein Tier nicht mehr fit ist, sei es wegen einer Erkrankung oder aufgrund des vielleicht hohen Alters.

Wenn es ständig juckt, können Parasiten die Ursache sein.

Gefährliche Plagegeister

Schütteres Haar und krustige Hautstellen, an denen sich die Ratten immer wieder kratzen, können Hinweise auf Milben und Haarlinge sein. Flöhe stören das Tier nur bei starkem Befall und können daher lange unbemerkt bleiben. Kleine Blutströpfchen im Nistmaterial oder in der Umgebung des Rattenheims sind weitere Anzeichen für Hautparasiten. Es gibt viele Übertragungsmöglichkeiten: von einem anderen Heimtier (z. B. Hund, Katze oder einen neuen Artgenossen), über den Menschen oder über Futter, Heu und Stroh.

▸ **In allen Fällen,** die auf einen Befall mit Parasiten hindeuten, sollten Sie die Ratten vom Tierarzt untersuchen lassen, damit er feststellen kann, um welchen Plagegeist es sich handelt.

▸ **Milben und Haarlinge** sind die häufigsten Parasiten und ernähren sich von den Hautschuppen der Ratten. Sie sind nur unter dem Mikroskop erkennbar, Haarlinge auch manchmal mit bloßem Auge als kleine, weiße Pünktchen.

▸ **Flöhe** sind bei als Heimtier gehaltenen Ratten selten und als kleine dunkle Punkte im Fell erkennbar, ihr Kot als dunkle „Krümel", der sich rötlich färbt, wenn er angefeuchtet wird.

▸ **Falls Sie auffällige „Punkte"** im Fell Ihrer Ratten entdecken, können Sie versuchen, diese mit einem durchsichtigen Klebeband abzulösen und auf einem weißen Papier zu befestigen.

Kranke Ratten ziehen sich oft aus dem „Familienleben" zurück.

SMART

Gut behandelt

› **Hat der Tierarzt** festgestellt, um welche Parasitenart es sich handelt, wird er dem Tier das richtige Mittel verordnen.

› **Es reicht nicht aus,** nur die befallene Ratte zu behandeln, auch alle Artgenossen im Rattenheim und das Gehege müssen von den Plagegeistern befreit werden.

Diese Streifen können dem Tierarzt helfen, die genaue Parasitenart zu bestimmen und das passende Gegenmittel zu verschreiben.

▸ **Hautpilze** können ähnliche Symptome wie Hautparasiten verursachen und sind auch auf den Menschen übertragbar. Sind Ratten befallen, muss sich ihr Pfleger deswegen nach jedem Kontakt mit den Tieren die Hände desinfizieren.

▸ **Stetige Gewichtsabnahme** trotz normaler Nahrungsaufnahme kann besonders bei jüngeren Tieren ein Hinweis auf einen Befall mit Würmern sein, die möglicherweise durch verunreinigtes Futter oder Streu eingeschleppt wurden (Frischfutter immer gut waschen!). Glücklicherweise sind sie mit wirksamen Präparaten, die der Tierarzt verschreibt, gut zu bekämpfen. ●

Häufigere Krankheiten erkennen

Ernsthafte Infektionen mit Bakterien, Viren oder Einzellern kommt meist erst dann zum Ausbruch, wenn die Widerstandskräfte der Ratten beispielsweise durch schlechtes Futter, unsaubere Einstreu, Parasitenbefall oder sonstigen Stress bereits herabgesetzt sind.

Mit Quark vermischt schmeckt oft auch bittere Medizin.

Durchfall

Ungeformter, schmieriger und weicher Kot sowie ein verschmutzter After sind Hinweise auf Durchfall, der viele Ursachen haben kann. Ratten bekommen diesen leicht nach dem übermäßigen Genuss von Obst und saftigem Gemüse. Streichen Sie bei Durchfall jegliches Frischfutter von Speiseplan. Knäckebrot, Zwieback und Haferflocken und verdünnter Schwarztee helfen rasch und führen zum Abklingen der Symptome. Klingt der Durchfall nicht innerhalb weniger Stunden ab, sollten Sie die betroffenen Tiere dem Tierarzt vorstellen.

Erkältungen

Häufiges Niesen, Ausfluss aus der Nase, deutlich hörbare Atemgeräusche und eventuell leicht verklebte Augen sind deutliche Hinweise auf eine Erkältungskrankheit. Dafür mögliche Ursachen sind z. B. Zugluft, plötzliche Temperaturschwankungen oder auch Feuchtigkeit im Käfig. Beseitigen Sie diese Gründe und stellen Sie den Käfig an einen 22 bis 23 °C warmen Ort (Seite 25) – allerdings nicht direkt neben die Heizung, denn die trockene Heizungsluft schädigt die Schleimhäute. Bringen Sie die Ratten zum Tierarzt, denn aus einer Erkältung kann sich schnell eine lebensbedrohliche Lungenentzündung entwickeln.

▸ **Mit etwa 1,5 bis 2 Jahren** bekommen viele Ratten ohne erkennbare Ursachen Schnupfen. Antibiotika vom Tierarzt können helfen. Leider sind bei älteren Tieren rasselnde Atemgeräusche und Knacken auch mögliche Hinweise auf Tumore in der Lunge.

Tumore

Deutlich sichtbar oder ertastbar können sich an den verschiedensten Körperregionen Schwellungen (Tumore) bilden. Sollten sich diese innerhalb weniger Tage stark vergrößern, kann es sich um ein Eiterabszess handeln, der manchmal nach einiger Zeit von selbst aufplatzt und in manchen Fällen von selbst abheilt,

Die Transportbox schützt unterwegs vor Zugluft, Kälte und Nässe.

trotzdem sollte die Ratte vom Tierarzt untersucht werden. Vor allem bei Ratten ab etwa 1,5 Jahren kommt es häufig zu bösartigen Geschwülsten, zu Krebs. Lassen Sie einen Tierarzt entscheiden, ob eine Operation möglich und sinnvoll ist. Oft – aber nicht immer – kann eine Operation das Leben des Tieres verlängern.

Verletzungen

Kleine Verletzungen oder Bisswunden bis 4 cm Länge verheilen meist rasch und ohne Probleme. Die Tiere beschleunigen den Heilungsprozess durch regelmäßiges Belecken der Wunden. Eine Behandlung kleinerer Verletzungen bringt nur selten eine schnellere Verbesserung, es ist jedoch darauf zu achten, dass sich keine Abszesse bilden. Doch auch in diesem Fall gilt: bei deutlicher Verhaltensänderung oder größeren Verletzungen immer zum Tierarzt gehen!

▸ **Bei einem Sturz** aus größerer Höhe landen Ratten durch natürliche Reflexe gesteuert zwar meist auf den Füßen, trotzdem bleiben sie manchmal regungslos liegen. Das ist häufig die Folge des Schocks, den sie durch den Absturz erlitten haben. Legen Sie das Tier vorsichtig ins Rattenheim zurück und beobachten Sie es. Verhält es sich nicht schnell wieder normal, müssen Sie sofort einen Tierarzt aufsuchen – das Tier sehr vorsichtig transportieren, da eine Gehirnerschütterung oder innere Verletzungen vorliegen können. Besonders Jungtiere können Höhen nicht gut einschätzen und müssen deswegen immer gut beaufsichtigt werden!

Was Sie tun können

Diagnose und Bestimmung der Behandlung einer kranken Ratte sollten Sie immer dem Tierarzt überlassen. Trotzdem gibt es auch noch viel für Sie zu tun, was die Krankenpflege angeht.

Gesund pflegen

Halten Sie sich bei der Pflege einer kranken Ratte immer genau an die Anweisungen des Tierarztes. Achten Sie auf Hygiene im Gehege und beste Qualität des Futters.

▸ **Trennen** müssen Sie ein erkranktes Tier nur im Ausnahmefall, denn das Separieren ist großer Stress für die geselligen Nager. Ihr Tierarzt wird Sie im Einzelfall gern beraten.

▸ **Lärm und Hektik** in der Nähe des Käfigs belasten eine kranke Ratte sehr. Deswegen sollten Sie auch Kinder dazu anhalten, sich in der Umgebung des Rattenheims ruhig zu verhalten.

▸ **Bei Infektionen** hat es sich oft bewährt, einen Teil des Käfigs mit einer handelsüblichen Infrarotlampe zu bestrahlen, das bringt wohlige Wärme und wenn es den Tieren zu heiß wird, können sie sich in den unbestrahlten Bereich des Käfigs zurückziehen. Über der Einstreu sollte es so warm sein, dass es sich für Ihre Hand dort noch angenehm anfühlt. Bei einer Gehirnerschütterung dürfen Sie den Käfig aber nicht bestrahlen. Fragen Sie am besten vor einer Bestrahlung immer den Tierarzt.

▸ **Bei einer Erkältung** bringt es den Tieren oft Erleichterung, wenn Sie einen Topf mit dampfendem Kamillenaufguss neben den Käfig stellen. Decken Sie dazu diese Seite mit einem Tuch ab. Achten Sie unbedingt darauf, dass sich kein Tier an Topf oder Dampf verbrennen kann.

Genau dosiert

Achten Sie bei Medikamenten immer darauf, die vorgeschriebene Dosierung einzuhalten.

Viel hilft nicht viel, sondern kann sogar zu einer Verschlimmerung oder anderen Beschwerden führen.

Es ist sehr wichtig, Medikamente so lange wie verordnet zu geben, um einen Rückfall oder bei Antibiotika sogar möglicherweise entstehenden Resistenzen vorzubeugen.

Medikamente geben

Nimmt die kranke Ratte eine Medizin nicht freiwillig, können Sie die Arznei z. B. mit Früchtemus mischen und auf einem Löffel anbieten.

▸ **Manche Ratten** mögen lieber Fruchtsaft, Quark oder Jogurt und lassen sich damit vermischt die klein geriebenen Tabletten oder Tropfen unterjubeln. Nur Antibiotika dürfen nicht mit Milchprodukten gemischt werden.

▸ **Funktioniert das nicht,** müssen Sie das vermischte Medikament vorsichtig mit einer Spritze ohne Nadel seitlich hinter die Zähne in das kleine Maul einflößen. Am besten hält dabei eine zweite Person das Tier vorsichtig aber sicher fest.

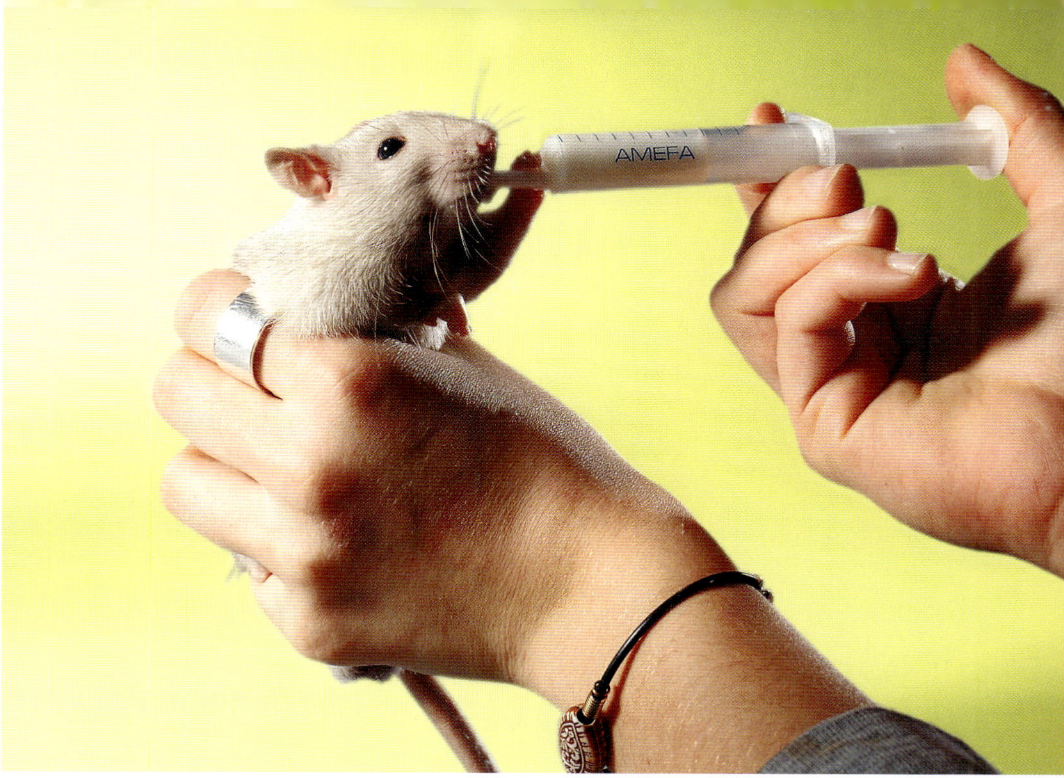

Mit einer Spritze ohne Nadel können Sie dem Patienten Arznei geben.

Rüstig im Alter

Die durchschnittliche Lebenserwartung der Ratten beträgt 2 Jahre. In seltenen Fällen erreichen die Tiere ein Alter von 3,5 Jahren. Auch vergleichbare Wildnagetiere – mit einer geringeren Anfälligkeit für diverse „Zivilisationskrankheiten“ – werden jedoch nur selten älter als 3 bis 3,5 Jahre.

▸ **Im letzten Lebensabschnitt** werden die Ratten ruhiger, manche werden noch anhänglicher, ihr Fell glänzt weniger und sie magern trotz bester Pflege vielleicht auch ab. Manche Nager werden blind, und leider bekommen einige im höheren Alter Tumore. Gestalten Sie Ihrer Ratte den Lebensabend so angenehm wie möglich, vermeiden Sie „Stolperfallen“ und größere Veränderungen im Rattenheim.

▸ **Auch alte Ratten** müssen vom Tierarzt untersucht werden, wenn sie krank sind und bei hoffnungsvoller Prognose behandelt werden. Ohne Aussicht auf Heilung und bei starken Schmerzen sollten Sie sich aber mit Ihrem Tierarzt beraten, ob eine Einschläferung sinnvoll ist. Vergessen Sie dabei nicht die vielen schönen gemeinsamen Erlebnisse.

SMART

Krankenkost

- **Frisst eine kranke Ratte** nichts mehr, muss sie vielleicht von Ihnen zwangsernährt werden.
- **Verwenden Sie** dazu das gewohnte Futter, mahlen es klein und mischen es mit Kamillentee zu einem Brei, den Sie mit einer Spritze ohne Nadel vorsichtig einflößen.
- **Dem Futter** können Sie z. B. Baby-Gemüsebrei, gedrückte Banane oder Haferflocken beimischen.
- **Nur im Notfall:** Zwangsfüttern ist stressig!

Nachwuchs im Rattenheim

Wanderratten haben neben ihrer Vielseitigkeit und Anpassungsfähigkeit eine weitere Strategie entwickelt, um zu überleben – ihre unglaubliche Fruchtbarkeit.

Verantwortung

Ein großer Haufen junger Ratten bereitet sehr viel Spaß, doch ohne Abnehmer kann diese Freude ein böses Ende nehmen. Wer seine Ratten vermehren möchte, sollte schon vorher wissen, wohin mit den Kleinen.

Rechnen Sie besser mit größeren Würfen, als später mit zu vielen Tieren dazustehen! Mir wurde einmal eine etwa elf Monate alte Ratte geschenkt, der ich wegen ihres Alters nur einen kleinen Wurf zutraute. Sie überraschte mich mit 18 Jungen, die sie auch alle problemlos aufzog! Bereits die durchschnittliche Wurfgröße von 6 bis 10 Jungen kann es schwierig machen, gute Plätze für alle Jungen zu finden. Und schließlich sollten die Rattenkinder doch nicht als Schlangenfutter enden! Wenn Sie keinen Ratten-Nachwuchs möchten, gibt es zwei Möglichkeiten:

- Die Kastration: Sie wird von einzelnen Tierärzten durchgeführt – fragen Sie bei Ihrem Tierarzt danach.
- Die strikte Trennung der Geschlechter. Das ist die einfachste und erfolgreichste Methode, um ungewollten Nachwuchs zu verhindern.

Rattenliebe hat viele Gesichter. Diese beiden sind sich innig zugetan und kuscheln sich auch beim Nickerchen eng aneinander.

Voraussetzungen

Falls sich im Freundes- und Bekanntenkreis wirklich genug Abnehmer finden und Sie Rattenkinder aufziehen möchten, gibt es vorher Einiges zu beachten:

- **Die Elterntiere** (und falls bekannt, natürlich auch die Vorfahren) sollten gesund, völlig zahm und eher ruhig und gelassen sein. Nervöse Tiere töten unter Umständen ihren Nachwuchs.
- **Rattenweibchen** werden vor

Erreichen der Endgröße geschlechtsreif und sollten nicht vor dem 5. und nicht nach dem 12. Lebensmonat gedeckt werden, da es sonst zu Schwierigkeiten bei der Geburt kommen könnte. Für eine gezielte Zucht gelten besondere Voraussetzungen, Sie brauchen viel Platz und Zeit, da mehr Käfige mehr Pflege bedeuten. Bei jeder „Vermehrung" sollte immer die Gesundheit der Tiere das wichtigste Ziel sein.

Im gemütlichen Nest fühlt sich der Rattennachwuchs so richtig wohl.

Fortpflanzung

Setzt man Rättinnen mit Rattenmännchen zusammen, kommt es meist sehr bald zu Paarungen. Das Männchen treibt nach einer Genitalkontrolle mit der Nase das Weibchen vor sich her. Eine fortpflanzungswillige Rättin bleibt mit durchgedrückem Rücken und hoch gerecktem Kopf vor dem Männchen stehen und lässt die Kopulation zu, die meist nur wenige Sekunden dauert. Im Verlauf einiger Stunden kommt es wiederholt zu Vereinigungen.

▸ **In der Tragezeit** (20 bis 24 Tage) benötigen die Weibchen etwas mehr Futter und Eiweiß (Seite 37). Einige Tage vor der Geburt beginnt die Rättin, das Nest zu vergrößern und auszupolstern. Sie wird ruhiger und vielleicht auch mürrischer. Vermeiden Sie jetzt jeden Stress für die Tiere. Da Ratten schon vor oder sofort nach der Geburt wieder gedeckt werden können, sollten Sie das Männchen spätestens ein paar Tage vor der Geburt vom Weibchen trennen. Da manche kinderlose Rättinnen anderen Weibchen die Jungen stehlen und einige Rattenmütter sich in der Gruppe von der Fürsorge für ihre Jungen ablenken lassen, ist eine Isolierung der tragenden Tiere günstig.

Kleine Ratten werden groß

Die Geburt erfolgt meistens nachts oder morgens. Die Jungen werden sofort von der Mutter abgeleckt. Erst nach der Geburt des letzten Jungen werden sie das erste Mal gesäugt. Es ist schön zu beobachten, wie die Kleinen heranwachsen.

In den ersten Tagen sollten Sie die Rattenmutter ganz in Ruhe lassen. Nur während sie sich außerhalb des Nestbereichs aufhält, kann man vorsichtig einen Blick hinein werfen – ohne etwas zu berühren, der Geruch könnte das Weibchen irritieren. Bei zu viel Stress in den ersten Tagen kann es vorkommen, dass die Weibchen ihre Jungen töten und auffressen. Dieses natürliche Verhalten ruft Abscheu hervor, versorgt die Tiere wild lebend aber mit wichtigen Nährstoffen und macht sie so schneller fit für den nächsten Wurf unter (hoffentlich) besseren Bedingungen. Manche Rättinen beißen ihre vertrauten Pfleger, wenn sie Junge haben, oder schleppen die Kleinen immer wieder in andere Nester. Dabei kann es vorkommen, dass die Jungtiere verletzt werden oder verloren gehen. Während der Säugezeit braucht die Rättin viel Eiweiß und muss optimal mit Nährstoffen versorgt werden.

1 ◂ **Neugeborene Ratten** sind völlig nackt, taub und blind: es sind typische Nesthocker. Die mütterliche „Milchbar“ ist der einzige Bezugspunkt in ihrem Leben. Der erste Haarflaum beginnt schon wenige Tage nach der Geburt zu sprießen. Die Rattenkinder beginnen noch blind mit etwa einer Woche die ersten sehr unorientierten Ausflüge im Bereich des Nestes. Nach etwa 14 Tagen öffnen sich die Augen und die Kleinen fangen an, ihre Umgebung aktiv zu erkunden.

▸ Bei ihren Streifzügen lernen die Jungen die Nahrung ihrer Mutter kennen. Sie beginnen, zusätzlich zur Muttermilch festes Futter aufzunehmen. Nach etwa 6 Wochen kann man sie von der Mutter trennen. Je nach Wurfgröße sind Ratten mit 4 bis 8 Wochen geschlechtsreif und dann sollten die Männchen von ihren Schwestern und der Mutter getrennt werden. Einige erst 6 Wochen alten Ratteriche paarten sich schon erfolgreich mit ihrer Mutter! Obwohl dies eher Ausnahmefälle waren, sollten Sie kein Risiko eingehen. Lassen Sie zumindest die Töchter möglichst lange bei der Mutter, dort lernen sie viel.

2

3

◂ Die Mutter schränkt bei noch jungen Rattenkindern die Ausflüge ein. Zu weit aus dem Nest gekrabbelte Junge trägt sie im Maul zum Nest zurück. Diese fallen dabei in eine Tragstarre. Die Jungen auf dem Foto sind 11 Tage alt. Machen Sie das Rattenheim ausbruchsicher! In diesem Alter können sich die Babies selbst durch sehr enge Käfiggitter zwängen. Sobald die Kleinen die Umgebung erkunden, sollten sie auch Sie, ihren menschlichen Pfleger, kennen lernen, z.B. indem Sie während eines Ausflugs der Mutter die Hand ins Nest legen.

Infoecke

Literatur

- **Briemle, G.: Farbatlas Kräuter und Gräser in Feld und Wald.** Verlag Eugen Ulmer, Stuttgart 1997.
- **Gabrisch, K.: Krankheiten der Heimtiere.** Schlütersche Verlagsanstalt, Hannover 1996.
- **RODENTIA. Kleinsäuger-Fachmagazin,** Natur- und Tier-Verlag Münster, www.ms-verlag.de
- **Schmidt, G.: Hamster, Meerschweinchen, Mäuse und andere Nagetiere.** Verlag Eugen Ulmer, Stuttgart 1985.
- **Ein Herz für Tiere,** Gong Verlag, München.
- **Platen, H.: Das Rattenbuch.** Über die Allgegenwart unserer heimlichen Nachbarn. Campus Verlag 1997.

Making Of

- **Der Autor** Georg Gaßner beschäftigt sich seit Jahren intensiv mit der Zucht und Pflege einheimischer und exotischer Kleinsäugerarten. Auf diesem Gebiet ist er in Fachkreisen international bekannt. Er hat zahlreiche Bücher zum Thema Kleinsäuger als Heimtiere verfasst.
- **Die Fotografin** Regina Kuhn ist freischaffende Fotodesignerin und Autorin mit jahrelanger Erfahrung in der Tierfotografie.
- **Der Verlag und die Fotografin** danken Rebekka Lehmann, Herleshausen und Sally Matern, Hochdorf.
- **Herstellernachweis**
Zoo-Utke, Oberesslingen
Zoo-Kölle, Stuttgart
Trixie Heimtierbedarf, Tarp

Bildquellen

- **Regina Kuhn**
alle Fotos und Titelbild

Adressen

▸ **Bundesarbeitsgruppe Kleinsäuger e.V. im Schulzoo Leipzig e.V.**
Binzer Straße 14
D-04207 Leipzig,
www.bag-kleinsaeuger.de

▸ **Verein der Rattenliebhaber und -züchter in Deutschland e.V.**
Postfach 150324
D-60063 Frankfurt a.M.
www.vdrd.de

▸ **1.Rattenzuchtverein in Deutschland e.V.**
Postfach 130801
D-20108 Hamburg
www.ratten.de

▸ **Deutscher Tierschutzbund**
Baumschulallee 15
D-53115 Bonn
Tel. 0228/604960
www.tierschutzbund.de

▸ **Zentralverband Zoologischer Fachbetriebe**
Deutschland e.V. (ZZF)
D-63225 Langen
www.zzf.de

▸ **Tierärztliche Vereinigung für Tierschutz e. V. (TVT)**
Geschäftsstelle:
Bramscher Allee 5
49565 Bramsche,
www.tierschutz-tvt.de/

Impressum

Bibliografische Information der Deutschen Bibliothek
Die Deutsche Bibliothek verzeichnet diese Publikation in der Deutschen Nationalbibliografie; detaillierte bibliografische Daten sind im Internet über http://dnb.ddb.de abrufbar.

Eugen Ulmer KG
Wollgrasweg 41,
70599 Stuttgart
Internet: www.ulmer.de

Lektorat: Dr. E.-M. Götz
Redaktionelle Bearbeitung: textory mediaService
Umschlag- und Innengestaltung: X-Design, München
DTP: juhu media, Susanne Dölz, Bad Vilbel
Druck und Bindung: Litotipografia-editrice Alcione, Trento
Printed in Italy
ISBN 10: 3-8001-4483-2
ISBN 13: 978-3-8001-4483-9

Internet

▸ **www.nager-info.de**
Nagerhilfe Osnabrück
▸ **www.rattenwelt.de**
Nützliche Tipps und Ratten-ABC
▸ **www.tierschutzvereine.de**
Verzeichnis von Tierschutzvereinen und Tierheimen
▸ **www.vetpharm.unizh.ch/perldocs/toxsyqry.htm**
Informationen rund um Vergiftungen beim Tier der Universität Zürich
▸ **www.meb.uni-bonn.de/giftzentrale/pflanidx.html**
Ausführliche Liste giftiger Pflanzen der Universität Bonn

(Hinweis: Der Verlag Eugen Ulmer ist nicht für den Inhalt von Links verantwortlich)

Haftung

Für Ihr Heimtier tragen Sie selbst die Verantwortung. Die in diesem Buch enthaltenen Empfehlungen und Angaben sind vom Autor mit großer Sorgfalt zusammengestellt und geprüft worden. Eine Garantie für die Richtigkeit der Angaben kann aber nicht gegeben werden. Der Autor und der Verlag übernehmen keinerlei Haftung für Schäden und Unfälle.

Register

After 19
Allergie 16
Alter 18, 55
Anatomie 10
Andere Tiere 35
Arten 8

Backenzähne 11
Beschäftigung 40, 41

Chinchillasand 27

Duftstoffe 10
Durchfall 48, 52

Echte Mäuse 8
Eingewöhnung 30
Einschläferung 55
Einstreu 26, 46
Einzelhaltung 12, 18
Entwicklung 58, 59
Erkältungen 52

Fähigkeiten 9-11
Familienleben 12
Farbvarianten 14
Flöhe 51
Freilauf 17, 42, 43
Füße 11
Futter 36-39
Futternapf 27, 46

Gattung 8
Gebiss 10
Geburt 57, 58
Gegenseitige Körperpflege 12
Genitalöffnung 19
Geschlechter 13, 18
Gesundheitskontrolle 20, 48
Gewicht 9, 48
Giftig 38
Gitterabstand 24
Größe 9
Gruppen 12, 18

Haarlinge 51
Hauptaktivitätsphase 9
Hausratte 8, 9
Hautpilze 51
Hochheben 32

Inneneinrichtung 26-29

Jucken 48, 50

Käfigreinigung 47
Kampf 13
Kastration 56
Katzenstreu 26
Kinder 17
Körperdüfte 10
Krallen 11
Krankenpflege 54
Krankheitsanzeichen 48
Krankheitsüberträger 50

Lautäußerungen 10
Lebensspanne 16
Leckerchen 31
Luftfeuchtigkeit 25

Männchen 13, 19, 57
Mäuseverwandte 8
Medikamente geben 54
Menschenkontakt 21
Milben 51
Mineralstoffe 38
Muridae 8
Myomorpha 8

Nachtaktiv 9
Nachwuchs 56-59
Nagetiere 8
Nestbaumaterial 26, 27

Paarung 57
Paarungsbereitschaft 10
Parasiten 50
Pflegearbeiten 46

Rangordnung 13
Ratten auf der Schulter 43
Ratten kaufen 20, 21
Rattengehege 24-29
Rattenzoologie 8
Rattus norvegicus 8
Rattus rattus 8
Reviergrenzen 10
Richtiger Umgang 33
Rodentia 8
Rückzugsmöglichkeiten 24
Rudelmitglieder 10

Sandbad 27
Schädlinge 2
Schlafhäuschen 26
Schneidezähne 10, 48
Schulter 33
Schwanz 9, 11, 32
Schwarze Ratte 8
Sinnesleistungen 10
Sozialpartner 12
Spielen 32, 40, 41
Standort 25
Streicheln 32, 48

Temperament 19
Temperatur 25
Tierarzt 38, 48-55
Tierarztkosten 17
Tierschutz 20, 21
Tragen 32
Tragzeit 57
Transportbox 30, 48
Trinkflasche 27, 46
Trinkwasser 27, 37
Tumoren 52

Urlaub 47

Vergesellschaftung 34
Verletzungen 53
Versuchstiere 2
Vitamine 38
Vorderpfoten 11

Wanderratte 8, 9, 12, 14
Weibchen 18, 57
Wildlebende Rattengruppen 12
Würmer 51

Zeichnungsvarianten 14
Züchter 21
Zugluft 25
Zwicken 32

Kluge Tipps für SMART-KIDS

Extra-Rattie

Ratten sind schlaue Tiere, die schnell neue Dinge lernen. Deswegen kannst du viel mit ihnen zusammen unternehmen.

Du kannst z. B. in einem großen Pappkarton ein Labyrinth basteln und darin Leckerbissen an der immer selben Stelle verstecken. Deine Ratten werden bald wissen, wo es den leckeren Happen gibt und du kannst beobachten, wie sie schnurstracks dorthin laufen. Dann kannst du den Leckerbissen an einer anderen Stelle des Labyrinths verstecken und deine Ratten hineinlassen. Nun musst du genau beobachten: Finden sie sofort die Belohnung oder laufen sie zuerst zur gewohnten Stelle?